서바이버 The survivor

오랜 기간 살아남는 기업의 비밀

초판 발행 ▪ 2021. 7. 28.

지은이 ▪ 이병욱
발향인 ▪ 이세욱
발행처 ▪ 매산서재

표　지 ▪ 홀릭디자인
인　쇄 ▪ 삼광프린팅

주　소 ▪ 충북 음성군 감곡면 성당길 7-1
전　화 ▪ (043) 882-1928
전자우편 ▪ jeromesulee@hanmail.net

Copyright (C) 매산서재, 2021, *printed in Korea*

ISBN 979-11-975307-0-8 (03320)

정　가 ▪ 14,000원

서 바 이 버

THE SURVIV**OR**

오랜 기간 살아남는
기업의 비밀

책을 내며

요즘처럼 사업하기 힘든 때는 없었다. 더구나 60%에 달하는 세계 최고수준의 상속증여세율을 부담해야 하는 한국적 현실에서 사업으로 성공하여 대를 이어가며 기업을 존속시키기는 거의 불가능에 가깝다.

하지만 어떠한 악조건하에서든 오랜 기간 장수하는 기업들은 나름의 노하우나 경영 비밀을 가지고 있다. 그 가운데 공통적인 것 중 하나는 지속가능성Sustainability이나 지속가능 발전Sustainable Development 철학을 철저히 구현한다는 점이다. 만약 기업의 구성원들이 지속가능발전 개념 단 하나만이라도 매 의사결정 단계에서 떠올릴 수 있다면 우리 모두는 전혀 다른 기업 세계를 열어 갈 수 있을 것이다. 세상에 살아있는 모든 존재는 유한한 삶을 살기에 더 오래 잘 살고 싶어 하고 지속가능한 발전을 갈망한다. 이것이 이 책을 내게 된 동기이다.

장수하는 기업의 경영 비밀중 하나인 지속가능성은 의미가 다양하고 일반 독자들에게는 익숙하지 않은 개념이다. 하지만 지속가능성을 한마디로 말하자면 현세대와 미래세대의 조화로운 성장이자 미래세대에 대한 배려이다. 기업 입장에서는 세대를 넘어 경제적, 환경적. 그리고 사회적으로 조화로운 발전을 추구하는 것이라 할 수 있다. 본서의 제목을 『서바이버 The Survivor (부제: 장수하는 기업의 비밀)』로 정한 것은 지속가능성의 지향점이 세대를 넘어 오랜 기간 살아남는 것이기 때문이다.

코로나19 사태와 미국과 중국 간 패권전쟁으로 최근 세계 경제는 18세기 산업혁명 이래 최악의 침체의 늪에 빠져들었다. 이로 인해 거의 모든 나라에서 수많은 기업과 자영업자들이 도산하였으며 근로자들이 일자리를 잃고 있다.

우리나라는 1997년 12월 발발한 IMF 금융외환 위기와 2008년 세계 금융위기 때와는 차원이 다른 심각한 경제난을 겪고 있다. 과거 금융 및 외환위기 때 국가 차원에서 추진된 국내 상위 5대 그룹의 반도체, 항공산업, 철도차량, 석유화학 등 8개 업종의 사업구조조정(소위 빅딜)의 실무를 총괄하는 중에 필자는 30대 그룹 기업 가운데 16개 그룹 기업이 사라지는 것을 지켜보았다.

이때부터 기업의 지속가능 발전에 대해 관심을 가지게 되었고, 2003년에는 사단법인 지속가능발전협의회(KBCSD)를 창립하여 초대 사무총장으로서 5년간 기업의 지속가능 발전을 견인하는 활동을 하였다. 그 후 동아시아 지속가능 발전 연구원과 SDMI컨설팅사 대표 등을 역임하면서 지속가능 발전과 관련한 자문과 기고 활동 등을 해왔다.

하지만 기업의 지속가능 발전에 대해 필자 나름대로 정리한 논문이나 글이 없었다. 이번에 지속가능 발전과 관련한 생각들을 처음으로 정리한 것이다. 본서를 통해 기업의 장수와 지속가능 발전을 새로운 시각에서 바라보고자 하였고 기업의 지속가능 발전 전략 수립과 실천방안을 제시하는 한편 정부의 역할에 대해서도 생각해 보게 되었다.

모쪼록 이 책이 기업의 장수와 지속적인 발전, 그리고 우리 미래세대의 성장토대를 만드는데 기여하기를 기대한다.

끝으로 본서가 나오기까지 도움을 주신 손병두 전 호암재단 이사장, 현명관 전 삼성물산 회장, 임호균 광고주협회 부회장 등 재계 지도자들과 김이석 박사를 비롯한 한국경제연구원과 전경련 전·현직 동료, 덕수포럼 편호범 회장과 운영진, 언제나 많은 영감을 주는 신태균 박사를 비롯한 보스턴대 MBA 동문 경영인들께도 깊이 감사드린다. 또한 대학에서 학생들을 가르칠 수 있는 기회를 주신 강정애 전 숙명여대 총장님과 박상수 경희대 교수님께도 깊이 감사드리며, 대기업에서 경영 의사결정에 참여할 수 있는 기회를 주신 KT 경영진과 KBCSD 및 SDMI 임직원과 이세욱 매산서재 출판사 대표, 인쇄소와 디자인회사 대표께도 감사드린다. KBCSD 출범 때부터 지금까지 함께 해온 이상민 전무와 한채언 님께 깊이 감사드린다.

『우리의 미래 환경이 답이다』 공저자인 이동헌 박사의 조언에도 감사드린다. 착한 사마리아인처럼 어려운 이웃을 위해 함께 봉사해 오고 있는 동료 빈첸시오회 회원들과 한국이사회 임원들에게도 감사드린다.

부모님과 사랑하는 아내 안성옥 화가와 두 아들 재승과 재웅 그리고 아우 이세욱 작가와 이정욱 한은 국장의 자문에도 감사드린다. 이밖에 감사할 분들이 많아 일일이 열거해 드리지 못한 점에 대해서도 미안한 마음과 감사의 인사를 드린다.

감곡 매산 기슭에서

Contents

The Survivor

들어가는 말

부자가 3대를 넘기기 어렵다는 속담이 있다. 지속가능성의 어려움을 함축적으로 보여주는 말이다. 개인이나 가문의 부의 승계가 어렵기도 하지만 기업의 장수나 지속가능발전은 더욱 힘들다. 오늘날 기업의 수명은 평균 15년 내외에 불과하다. 한 세대도 살아남기 어려운 기업 세계에서 창업세대를 넘어 2~3 대로 이어지고 나아가 100년 이상 장수하며 지속적으로 성장·발전해 간다고 하는 것은 사실상 불가능에 가까운 일이다.

기업을 둘러싸고 있는 환경이 급변하고 불확실성이 커지는 가운데 경쟁이 치열해지고 경영 의사결정에 반영해야 하는 변수들 또한 계속 증가하고 있다. 이 같은 상황에서는 기업이 지속가능발전은커녕 생존문제조차 걱정해야 하는 형편이다.

1960년대까지만 해도 기업들은 시장에서 소비자에게 팔릴 만한 값싸고 질 좋은 상품이나 서비스를 만들기만 하면 돈 벌고 성장할 수 있었다. 하지만 점차 경쟁이 격화되면서 디자인과 감성가치 등 또 다른 차별적 요소를 통해 필살기를 얻어야 하는 상황에 내몰리게 되었다.

여기에 더해 친환경적 경영이 경쟁력의 한 요소가 되었다. 20세기 후반 이래 기후변화와 기상이변 등으로 인한 지구환경파괴 등으로 인류 전체의 생존 기반마저 위협받는 처지에 놓이게 되면서 이해관계자 집단으로부터의 압력이 커지고 있다. 환경단체나 유엔 기구는 물론 정부와 소비자조차 기업의 기획, 생산, 판매, 유통 등 전 과정에서 발생하는 오염물질과 폐기물 등이 환경에 미치는 영향에 대해 민감하게 반응하기 시작했다. 또한 기업 활동에 대한 국내외 환경규제가 강화되어 기업들은 공장 설립이 매우 어려워졌고, 환경오염을 야기하는 제품의 생산 판매와 수입 등이 힘들어졌다. 소비자들 또한 친환경상품 구매를 선호하고 환경에 악영향을 주는 제품에 대해서는 불매운동과 함께 환경집단소송 등을 통해 막대한 손해배상을 청구하고 있다. 이제 환경오염물질을 일정한 수준 이상으로 배출하거나 많은 자원을 낭비하는 기업들은 생존조차 하기 힘든 형편이다. 환경문제가 기업의 생존과 지속가능 발전에 중요한 변수가 된 것이다. 연기금 등 투자자들도 기업의 RE100 가입을 촉구하고 있다. 현재까지 여기에 가입한 기업의 수는 250여 개 회사에 달한다. RE100은 Renewable Energy의 약자로, 2050년 이전에 필요한 전력 100%를 태양광, 풍력 등 재생에너지로만 충당하겠다는 기업들의 자발적 약속을 의미한다. 기업들은 화석에너지 사용을 줄여 지구환경 보호에도 적극 나서야 하는 처지이다.

한편 기업의 사회적 공헌에 대한 소비자들의 관심과 정부와 시민단체 등의 감시 활동이 강화되고 있으며, 기업도 지역사회와의 소통과 협력이 기업의 발전에 도움이 된다는 사실을 직시하게 되었다.

또한 어린이 및 노약자 고용, 강제 노역자 등 사회적 약자에 대한 기업의 무관심이 얼마나 기업에 치명적인 일이 될 수 있는지를 보여주는 사건들이 빈발하면서 기업 세계에 또 다른 변화가 일어나고 있다. 인권과 생명존중을 진정성 있게 실천하는 기업들은 좋은 기업 이미지 형성은 물론 지속가능한 성장에도 도움이 되지만 그렇지 못한 기업들은 기업 이미지가 나빠져 위기에 직면하는 사례가 늘고 있다. 예컨대 나이키와 같은 다국적 기업이 세계적 운동선수들에게는 고액의 모델료를 지급하여 회사 홍보와 상품 광고를 하면서 개도국 어린이들을 시간당 1달러 이하 인건비로 고용해 만든 운동기구 등으로 막대한 이익을 내는 것에 대해 인권단체들은 비도덕적이라고 맹비난하며 불매운동에 나섰다. 이로 인해 나이키 회사의 주가가 폭락하는 사태가 벌어졌다. 이 사건 이후 나이키는 사회적 활동에 대한 투자 노력 등을 통해 기업 이미지 개선에 많은 노력을 경주해 오고 있다. 그런가 하면 현지 진출한 국가의 사업장에서 지역 주민들과의 소통 부족과 갈등 등으로 해외 사업에서 실패하는 다국적 기업의 사례도 적지 않다.

우리나라에서는 갑질 문화로 무너지는 기업들이 속출하고 있다. 오너가 친인척들이 비서, 기사나 가사도우미 심지어는 임직원 등을 함부로 대하고 성추행 등의 부적절한 인격적 대우로 오너 기업인이 형사처벌을 받거나 경영일선에서 물러나는 등의 불미스러운 일로 기업의 존립마저 위협받는 사례도 적지 않았다.

기업이 생존 차원을 넘어 미래세대까지 지속가능발전을 이어가기 위해서는 경제적인 성장은 물론 환경적 기여나 사회적 기여도 의사결정 과정에서 고려해야 할 핵심 요소가 되었다.

하지만 기업만 잘한다고 해서 지속가능성이 보장되는 것은 아니다. 기업 없이는 시장과 사회도 성장할 수 없지만, 시장과 사회 없이는 기업도 존재할 수 없다. 그렇기 때문에 기업의 자체 노력과 함께 정부와 국민의 지속가능성에 대한 관심과 환경 조성도 중요하다.

우리나라는 출산율 저하와 고령화 등 인구문제와 경제성장의 정체 그리고 빈부격차와 계층 간 갈등의 심화 등으로 국가 차원의 지속가능발전 기반이 매우 약화되고 있는 실정이다. 특히 전체 인구의 합계출산율이 0.84(2020년 기준)으로 세계 최저수준이다. 2020년 10월 기준 5,182만명의 인구 수준을 계속 유지하려면 합계출산율이 2.0에 달해야 하는데 우리나라는 절대 인구가 감소하는 처지가 되었다. 인구가 줄고 시장이 작아지면 기업도 성장할 수 없다.

또한 국가경쟁력의 원천인 기초연구개발이 저조하고 상시적인 구조조정이 미뤄지고 있어 기업의 국제경쟁력이 전반적으로 하락하고 있다. 더욱이 급격한 최저임금 인상과 경직적인 주 52시간제의 실시 등으로 노동시장의 유연성이 떨어지는 가운데 반기업 정서마저 상존하고 있어 사업적 매력이 거의 사라진 상태이다. 이로 인해 2000년대 초반 해외로 나간 국내기업들의 국내 리턴 투자나 리쇼어링Reshorig[1]은 미국이나 일본 등에 비해 크게 부진한 실정이다.

특히 장기간 국내 경기침체와 금융기관 대출원리금의 상환 유예 조치 등으로 부실기업의 구조조정이 지연되어 영업이익으로 금융비용조차 충당하지 못하는 좀비기업들이 크게 늘어나고 있다. 이로 인해 금융기관의 위기마저 우려되는 상황이다.

---

1) 리쇼어링(Reshoring)이란 해외에 진출했던 국내기업들이 현지 사업 환경의 악화 등으로 국내로 회귀하거나 제3의 국가 등으로 이전하는 것을 의미함. 미중 패권전쟁의 격화로 세계적 가치사슬망이 붕괴되면서 미국과 일본 등 선진국들은 중국진출 자국기업들의 자국이나 제3국 이전을 재정이나 금융세제 해택을 주면서 적극 지원하는 정책을 전개하고 있음.

더구나 2019년 12월 말 중국 우한에서 발생하여 확산된 코로나 19 감염병 사태가 장기화되고 코로나바이러스 변이가 반복적으로 발생하고 있으며 불확실성이 증대되고 있다. 이로 인해 산업혁명 이래 최악의 경제침체가 세계 거의 모든 나라에서 이어지면서 수많은 기업들이 무너지고 있다. 이러한 현상은 역설적으로 기업 지속가능성의 중요성을 부각시키고 있는 것이다.

요즘 기업인들은 사업하기 힘든 가운데 자식들조차 경영권 승계를 기피하는 분위기이다. 더구나 상속·증여세 부담이 세계 최고 수준인 60%에 달하는데다가 반기업인 정서가 심각한 것이 한국적 현실이다. 기업의 지속가능성은 매력적인 용어이지만 이것이 실현 가능한가에 대해서는 회의적인 생각이 지배적이다.

불과 20~30년 전까지만 하더라도 국내에서 지속가능성 Sustainability이라는 용어는 아주 낯설고 우리와는 거리가 먼 용어처럼 취급당했다. 2000년대 들어 국가지속가능발전위원회가 만들어지고, 삼성전자, 포스코, GS칼텍스 등 국내 대기업 30여 곳이 모여 지속가능발전기업협의회KBCSD를 설립하여 이들 기업 중심으로 다양한 활동을 하게 되면서 조금씩 한국 사회에 이 용어가 익숙해지기 시작했다. 대기업과 공기업에서는 환경경영과 사회공헌활동을 중심으로 지속가능발전이라는 개념을 기업 홍보 차원에서 사용하게 되었다.

물론 『경주 최 부잣집 300년 부의 비밀』을 통해 장수기업의 비결이 소개되고, 호암 이병철 회장의 『호암자전』을 통해 '성업보다 수성이 어렵고 더 중요하다'는 사실 등이 세간에 회자되면서 지속가능발전에 대해 생각하는 기업인들이 늘기 시작하기는 했다.

또한 1400년이 넘는 역사를 자랑하는 일본의 금강조(金剛組)와 같은 장수기업에 관한 연구가 한국은행 등을 통해 이루어지면서 장수와 지속가능성에 대한 관심이 커져 온 것도 사실이다.

하지만 종전의 지속가능성은 경제적인 측면에서의 특징과 중요성만을 강조하는데 그치고 있다.

국내에서 기업의 지속가능성에 대한 논의와 준비는 글로벌 대기업들과 국제적으로 논의되어 온 지속가능성 개념과는 여러 면에서 거리가 있었다. 유럽 등 선진국에서는 급변하는 대내외 여건 속에서 경제적 측면은 물론 환경과 사회적 발전을 동시에 조화롭게 추구하려는 체계적이고 과학적인 접근이 이루어지고 있다.

20세기 후반에 들어 기존의 비즈니스 위험(기대 현금흐름의 변동성) 이외에 환경적인 문제나 소셜덤핑Social Dumping 등으로 인해 기업의 손실이 커지고, 주가가 폭락하는 등 종전에는 상상하지 못했던 변수들로 인해 기업의 도산위험이 커졌다. 기업들은 이러한 위험에 대비하고 지속가능한 발전을 위해 경제적인 성과는 물론 환경적으로나 사회적으로 위험을 잘 관리하는 방안을 적극적으로 강구하게 되었다.

21세기 들어 글로벌 경쟁이 치열해지고, 사업 환경의 불확실성이 증대되면서 기업의 현금흐름과 손익의 변동성이 커지고, 기업을 둘러싸고 있는 이해관계자들의 복잡한 이해관계와 갈등 등으로 비경제적 위험이 증대되고 기업의 수명 또한 급속히 짧아지고 있다.

세계적 500대 기업들의 평균수명은 1940년대에 50년 정도였던 것이 오늘날에는 15~20여 년으로 짧아지고 있다. 기업들이 눈앞의 이익과 생존에만 급급하게 된 것이다. 국내 기업들은 장수나 지속가능발전을 생각해 멀리 내다보면서 나름대로 원칙을 세워 장기적 이익 관점에서 사업 위험을 관리하는 안목을 키우지 못했다. 예를 들어, 당장 돈이 되는 사업이라 하더라도 환경적 문제나 사회적 갈등을 야기할 소지가 있는 사업에는 애초부터 참여하지 않는 용기를 내지 못했다.

한때 국내 산업계 내에서 지속가능가능발전이 화두가 된 적도 있긴 하지만 이마저도 구호나 유행으로만 그쳐 버린 감이 있다. 기업 일상의 문화로 토착시키는 데까지 이르지는 못했다. 지속가능성의 본질과 가치를 제대로 이해하지 못한 채 보여주기식 정책으로 일관하면서 기업의 현장에서는 거의 모든 계층에서 지속가능성과 동떨어진 행태를 보이는 경향마저 보여 왔다고 해도 과언이 아니다.

이같은 결과로 우리 사회는 지속가능성과는 거리가 먼 현상이 나타나고 지속가능발전을 위협하는 요인들이 도처에 산재해 있다. 예컨대 좀비기업의 양산, 단기 업적주의의 만연으로 장기 투자가 크게 줄고 있다.

지속가능발전의 3대 축의 하나인 환경문제의 심각성도 날로 증대되고 있다. 우선 미세먼지가 심각한 가운데 지구온난화의 여파로 한반도 주변 해수면 온도가 가장 빠르게 상승하고 있으며, 기상이변으로 인한 이상고온과 이상한파, 폭우 폭설과 가뭄 등으로 농작물의 경작 등 경제활동은 물론 일상적인 경제 활동마저 하기 힘든 처지가 되었다. 예컨대 기상청 분석에 따르면 집중호우의 연평균 발생횟수 증가 추세는 '80년대 44회에서 '90년대 52회, 2000년대 65회로 늘어나고 있다. 2020년 5월부터 10월까지 계속된 중국 대륙의 홍수사태는, 구약시대 노아의 홍수 때 3개월보다 2배나 긴 기간 지속되었다. 국제환경기구의 분석에 따르면 2100년 전 지구 평균기온은 1.9~5.2℃까지 상승할 것이란 전망(2019년)이다. 이대로 가면 인류의 생존 자체가 크게 위협받게 될 것이다. 이러한 기후이변 현상은 지난 200~300년간 과도한 화석연료와 자원의 사용과 지구환경파괴로 인해 빚어진 것이다.

2020년 다보스포럼에서 5대 글로벌 리스크의 1~3위가 모두 기상·기후 관련으로 선정되었다. 1위 기상이변, 2위 기후변화 대응 실패, 3위 자연재해 순이다. 이제 모든 의사결정에 있어 환경적 문제를 우선적으로 고려하지 않으면 안 되는 상황이다.

하지만 문제 해결은 요원하다. 총론 차원에서는 모두가 공감하면서도 각론에 가서는 나라나 경제주체마다 따로 놀고 있다. 지구온난화에 가장 책임이 있는 미국이 파리 기후변화협약에서 탈퇴하는가 하면 개도국들은 선진국들의 책임이라며 자신들은 빈곤 탈출을 위해 환경파괴를 수반하는 산업화를 더

해야 한다는 입장을 견지하고 있다. 한 나라 안에서도 일부 제조업과 토목, 건설업자들은 환경규제강화에 강한 저항감을 보이고 있다. 하나로 뭉쳐도 어려운 판에 온실가스 감축과 지구환경보호에 속도를 낼 수 없는 상황이다. 지구가 없으면 인류도 없고 기업도 시장도 존재할 수 없다. 지속가능성의 근본적인 목적은 개별 기업 차원을 넘어 공동체의 번영과 현세대와 미래세대의 공동 번영을 추구하는 것이다.

사회적 지속가능성은 우리에게 익숙한 기업의 사회적 공헌만을 의미하는 것은 아니다. 사회적 공헌 활동은 물론 근로자 등 기업의 이해관계자에 대한 인격적 처우나 배려 등을 포괄하는 개념이다. 심지어 사회적 이슈나 인구문제 등과 같은 공동체 이슈에 대해서도 보다 적극적으로 대처해야 한다.

예컨대 부의 양극화가 갈수록 심화되고 있는 현실에서 빈곤퇴치 문제에도 기업이나 경제단체들은 관심을 기울여야 한다. 주택 등 부동산문제도 남의 일이 아닌 회사 근로자들의 문제이고 미래세대의 문제이기 때문이다.

주택가격의 급격한 상승으로 미래세대와 서민들의 상대적 박탈감은 갈수록 심각해지고 있다. 이로 인해 모든 것을 포기하는 N포세대가 양산되는 기폭제가 되어 왔다. 기업의 경우도 극소수의 대기업만 잘 나가고 있고 대다수 대기업이나 중소기업은 생존마저 위협받는 처지가 되었다. 이러한 현실에서 투기적 사회 풍조의 만연은 대다수 근로자들의 근로 의욕을 떨어뜨리고 기업 구성원 간 갈등마저 조장하는 요인이 되기도 한다. 그런가 하면 일부 오너기업인 가족과 친인척의 일탈 행위로 분노한 회사 직원들이 도심 광장으로 나가 오너가의 퇴진을 요구하는 지경에까지 이르렀다. 사회 전반의 인권의식 성숙으로 기업 오너가의 갑질을 고발하는 내부 고발자 보호제도의 강화와 미투 운동 등도 증가하고 있다. 이와 같이 기업의 지속가능성을 위협하는 사례가 경제활동이나 환경문제뿐만 아니라 사회적 영역에서도 빈발하고 있는 실정이다.

국제적으로도 현지 지역사회와의 갈등 증가, 국내 외국 이민자 및 불법 체류자의 증가, 국제적 난민의 수용문제, 성소수자의 인권 문제. 남녀간 성차별 문제와 개도국의 미성년자나 재소자 고용문제 등으로 기업을 비롯한 모든 조직의 구성원 간 갈등과 평판 위험Exposure도 날로 증대하고 있다.

기업뿐만 아니라 교회나 봉사단체와 같은 조직들도 지속가능성 위험에 처해 있기는 마찬가지이다. 교회나 종교단체들이 세속화되면서 신자들이나 봉사자들이 계속해서 줄어들고 있으며, 이로 인해 재정 상태가 열악해 지면서 지속가능성이 위협받고 있다. 그런가 하면 부자 상속으로 문제가 된 대형 교회의 경우 대내외 비판 등으로 위기에 직면해 있는가 하면 성폭행 문제 등으로 교회나 단체의 신도나 봉사자 수가 급감하는 등 지속가능성이 크게 위협받는 지경에 이르렀다. 특히 2020년 코로나19 사태 이후 정부의 사회적 거리두기 정책 추진 등으로 교회는 대면 예배를 드리지 못해 심각한 재정난에 봉착하면서 생존조차 위협받고 있는 실정이다.

지속가능성 문제는 기업과 국가는 물론 모든 조직에서 중대한 이슈이며, 자신은 물론 현세대와 미래세대의 공동 번영을 위해 필요한 의사결정 요소이다. 이제 기업을 비롯한 모든 조직은 지속가능한 발전을 위해 경제적 성장은 물론 환경적 지속가능성과 사회적 지속가능성을 동시에 고려하여 의사결정하는 시스템을 상시 가동해야 한다.

　이 밖에도 기업의 지속가능한 발전을 위협하는 외부환경요인들이 계속 늘어 가고 있다. 이들을 사회적 지속가능성 범주에 포함시키는 데는 한계가 있어 보인다. 예컨대 정치적 편향성 문제나 정치권의 정책 실패를 기업 탓으로 돌리는 과정에서 빚어지는 기업경영위험이나 2016년 고고도미사일(사드) 배치문제로 성주골프장의 국가 귀속, 이로 인한 중국으로부터의 무차별 보복으로 중국에서 모든 사업을 완전 퇴출당한 롯데그룹의 피해 사례는 사회적 지속가능성 영역에서만 다루는 데는 한계가 있다.

　또 다른 예로 해외 경쟁기업들의 M&A나 임직원 빼돌리기 등을 악용한 핵심 기술 탈취나 미국과 중국 간 패권전쟁으로 인한 디커플링Decoupling으로 인한 공급가치 사슬망의 붕괴 등도 기존의 3대 축에서 다루기 힘든 지속가능성 이슈들이다.

　이와 같이 지속가능성과 관련한 위협요소들은 항상 변하고 예기치 못한 상황에서 발생하는 변수들이므로 기업들은 늘 예의주시하고 어떠한 돌발 상황이라도 즉시 대응할 수 있는 체제를 구축하고 대비해야 한다.

기업의 지속가능발전을 위해서는 기업인과 임직원만의 노력으로는 안된다. 정치권과 정부 그리고 국민의 역할도 중요하다. 기업을 정쟁의 도구로 삼아서는 안 된다. 특히 정치나 정책의 실패 책임을 기업의 탓으로 돌리는 과거의 행태는 사라져야 한다. 기업이 국제경쟁력을 확보하고 유지할 수 있도록 기업의 원천기술 연구와 응용기술 확보를 뒷받침하고 출산율 제고 정책과 함께 우수 인재가 양성될 수 있는 환경을 만들어 주어야 한다. 이를 위해 본서에서는 마지막 장에 기업의 지속가능발전을 위한 정부의 역할에 대한 정책 제안 형식으로 몇 가지 주요 개선과제를 제시하였다.

The Survivor

지속가능성에 관하여

지속가능성이나 지속가능발전은 기업이나 국가 같은 조직은 물론이고 개인이나 사회단체에게도 매우 중요하고 관심을 가질 수밖에 없는 키워드라 할 수 있다. 다만 개인의 지속가능성과 기업 등 조직의 지속가능성에는 여러 면에서 차이가 있다. 특히 지속가능성의 특징이나 목표나 관심 분야 그리고 추진 전략이나 방법 면에서 차이가 있다.

지속가능발전이라는 개념은 1987년 세계환경개발위원회WCED가 발표한 환경과 개발에 관한 보고서 '우리 공동의 미래Our Common Future'에서 정의되어 널리 사용되기 시작했다. WCED 보고서브룬틀란 보고서에 따르면, 지속가능한 발전은 '미래세대의 필요를 충족시킬 수 있는 능력을 훼손하지 않는 범위에서 현재세대의 필요를 충족시키는 발전'을 말한다. 지속가능발전은 1992년 브라질 리우데자네이루에서 개최된 유엔환경개발회의 UNCED, 즉 리우 회의에서 '환경적으로 건전하고 지속가능한 발전ESSD, Environmentally Sound and Sustainable Development의 환경·경제 통합 개념으로 발전되었다. 2002년 지속가능한 발전 세계정상회의WSSD. 또는 Rio+10에서 환경·경제·사회의 통합과 균형을 지향하는 인류의 보편적인 발전 전략으로 정착되었다.

1992년 UNCED에서 리우선언과 의제21을 채택하였는데, 의제21에는 각국 정부가 경제적, 환경적, 사회적 목적을 균형적이고 통합된 방식으로 달성하기 위한 국가 지속가능발전 전략NSDS5을 채택해야만 한다고 명시하였다. 2007년에 개최된 유엔총회 특별 세션Rio+5에서는 모든 나라가 국가 지속가능발전 전략을 수립하기로 합의하였다.

이러한 배경에서 유럽 국가들을 중심으로 많은 국가들이 국가 지속가능발전 전략을 수립하였다. 영국이 세계 최초로 1994년에 국가 지속가능발전 전략을 수립하였고, 독일과 프랑스가 각각 2002년과 2003년에 그 뒤를 이었다. 2001년에는 EU 차원의 지속가능발전 전략이 수립되었는데, 현재 대부분의 유럽 국가들이 국가 지속가능발전 전략을 수립·시행하고 있다.

2012년 유엔지속가능발전회의UNCSD, Rio+20는 지난 20년간에 걸친 각국의 지속가능발전 노력을 점검하고, 결의문인 '우리가 원하는 미래The Future We Want'를 통해 지속가능발전 목표Sustainable Development Goals, SDGs 설정에 합의하였다. 그 후 3년에 걸쳐 진행된 후속 논의를 바탕으로, 2015년 9월 제70차 유엔총회에서 17개 목표goal와 169개 세부목표target로 구성된 지속가능발전 목표SDGs를 담은 '2030 지속가능발전 의제2030 Agenda for Sustainable Development'가 채택되었다.

지속가능발전 목표SDGs는 과거의 성장 위주 개발로 인하여 발생된 불평등, 환경파괴 등의 문제를 해결하기 위한 목적을 가지고 있다. 동시에 선진국과 개발도상국 모두에 적용되어 모든 이해당사자들의 협력을 통해 이행해야 하는 보편적인 목표들과 과감하고 혁신적인 세부이행과제들을 담고 있다. 지속가능발전 목표의 이행과 관련된 5대 행동영역으로 사람people, 지구planet, 번영prosperity, 평화peace, 파트너십partnership이 제시되었으며, 빈곤의 해소를 가장 본질적이고 궁극적인 지구적 과제이자 지속가능한 발전을 위한 필수요건으로 강조하였다.

제시된 모든 목표와 세부이행과제들은 인권의 실현과 양성
평등, 모든 여성과 소녀들의 역량 강화를 포함하여 지속가능
발전의 핵심 축인 경제번영, 사회통합, 환경보존을 균형 있게
통합하고자 하는 고민을 반영하고 있다.[2]

2030 지속가능발전 의제의 이행 상황은 유엔 고위급정치포
럼HLPF에서 점검할 예정인데, 현재 개별 국가 및 지구적 차원
에서 지속가능발전 목표의 효과적 이행을 위한 다양한 논의가
진행되고 있다.[3]

[그림 1] 유엔 지속가능발전 목표SDGs의 17개 목표

*자료: http://www.un.org/sustainabledevelopment/sustainable-development-
goals

국가나 정부 차원의 지속가능발전이나 지속가능성은 기업이
나 개인의 지속가능발전에도 직간접적으로 많은 영향을 준다.
기업의 지속가능발전이라는 개념도 유엔 등의 논의 과정에서

---

2) 강상인 외 2015 참조
3) 환경부 국가지속가능발전위원회, 「국가 지속가능성 보고서」('12~'14)",
   2016년 8월

자연스럽게 나오게 된 것이다. 물론 계속기업Going Concern으로
서의 기업이란 존재는 태생적으로 지속가능발전을 추구할 수
밖에 없지만 이의 개념을 정립하고 과학적이고 체계적으로 접
근한 것은 최근의 일이다. 국제기구나 국가 차원의 지속가능
발전 정책이 기업의 지속가능발전과 관련한 의사결정에 중대
한 영향을 준다는 점에서 기업인과 임직원은 늘 주목할 필요
가 있다.

1 기업 등 조직 차원의 지속가능성

세계 지속가능발전 기업협의회WBCSD는 지속가능발전을 '미래세대의 필요를 충족시킬 능력을 저해하지 않으면서 현재세대의 필요를 충족시키는 발전'Sustainable development is defined by WBCSD as 'forms of progress that meet the needs of the present without compromising the ability of future generations to meet their needs'으로 정의하고 있다. 이 같은 지속가능성에 대한 개념은 브룬틀란 위원회에서 정의한 것을 그대로 차용한 것으로 보인다. 하지만 이 같은 정의로는 기업의 지속가능성을 현장감 있게 설명하는 데는 한계가 있다.

기업의 80%는 30년 이내에 사라진다. 기업의 평균수명은 갈수록 짧아지고 있다. 미국 경제잡지 『포춘』에 따르면, 미국의 500대 기업의 평균수명은 1955년 기준 45년에서 1975년 기준 30년으로 짧아졌으며, 2005년 기준으로는 15년으로 단축되었다. 한편 미국의 1955년 당시 상위 100대 기업 가운데 2000년대 이후까지 살아남은 기업은 듀폰DuPont, P&G 등 17개사에 불과하다.

한국 기업의 변천사를 보더라도 1965년 기준 100대 기업 가운데 오늘날까지 생존해 있는 기업은 제일모직, CJ 등 12개사에 불과하다. 또한 1967년 한국의 10대 그룹기업 가운데 오늘날까지 살아남은 곳은 삼성과 LG 두 그룹기업뿐이다.

통계청이 2004년부터 2009년까지 우리나라 기업의 생성과 소멸 과정을 분석한 바에 따르면, 전체 사업자 330만 개 중 신규 사업체는 62만 개(2004년 기준)이다. 이 가운데 1년을 생존한 사업체는 69.9%, 3년을 생존한 사업체는 45.3%밖에 되지 않았다. 5년까지 생존한 사업체는 33.4%에 불과한 것으로 드러났다.

기업의 목표는 생존을 넘어 투자자나 주주의 가치, 즉 기업의 가치를 높이는 것이다. 다른 말로 표현하면, 기업의 미래 순현금흐름의 현재가치를 최대한 높이면서 위험을 최소화하는 것이다.

참고로 기업가치는 아래와 같이 산출할 수 있다.

$$\text{NPV(순현재가치)} = -I_0 + \sum_{t=1}^{n} \frac{CF_t}{(1+r)_t}$$

I_0 : 초기 투자비
CF_t : t시점에서의 기대 순현금 흐름
r : 할인율

이를 위해서 기업 구성원은 어떤 부분에 얼마를 어떻게 투자해야 판매를 통한 미래 현금흐름을 최대화하고, 비용 지출을 최소화할 수 있는지 끊임없이 궁리하게 된다. 기업은 계속기업 Going concern으로서 지속적인 성장을 해 나가기 위해 위 기업가치 산출공식의 의미처럼 수입에서 투자와 지출을 뺀 순현금 흐름을 크게 늘리면서 이에 따르는 위험(현금흐름의 변동성)을 낮추어야 한다. 그래야만 기업가치를 최대한 높일 수 있는 것이다.

수입(현금흐름)을 확대하면서 사업위험을 줄이기 위해서는 투자와 위험 간 상치관계trade off를 고려해서 신중히 의사결정을 하게 된다. 투자위험이 커지면 이익기회도 커지지만 투자위험을 줄이면 이익기회 또한 줄어들게 된다.

기업 위험에는 영업위험Operational Risk과 재무위험Financial Risk이 있고, 이밖에 환경적·사회적 위험 등이 있다. 통상 영업위험과 재무위험을 합쳐 경제적 위험이라고 하는데 2000년대 이전까지는 주로 이 두 위험을 의사결정 시 고려해 왔다고 해도 과언이 아니다.

투자 규모가 커지면 커질수록 판매와 무관하게 부담해야 하는 고정비(예 : 건물과 기계 등 감가상각비) 부담도 커진다. 이 때문에 경기변동에 따라 손실을 입거나, 이익을 얻을 기회 또한 그만큼 커지게 되는데 이러한 변동가능성을 영업위험 또는 영업레버리지라고 한다. 그리고 사업투자비 가운데 타인의 돈을 빌려 투자 하는 경우 이자비용이 발생하게 되며, 이는 판매수입과 무관하게 지급해야 하므로 경기침체로 물건이 팔리지 않을 경우 회사가 적자를 낼 위험이 그만큼 더 커지게 되는 데 이러한 요인에 의한 이익의 변동가능성을 재무위험이라고 한다.

따라서 기업이 투자 의사결정을 할 때는 시장과 경쟁자와 고객에 대한 철저한 이해와 시장(수요)분석을 통해 사업 규모를 결정하고, 필요한 사람, 돈, 기계나 공장, 원자재 그리고 기술 등 자원의 확보와 사업운영방식 등을 결정해야 한다. 문어발식 사업확장을 지양하고 사업을 확장하더라도 관련 다각화를 통해 시너지를 최대화하고 자원의 비효율을 방지해야 한다. 또한 자원을 조달하고 활용하는 경우에 거래계약조건에 따라서는 고정비 성격의 지출을 변동비로 바꿀 수도 있다. 이 경우에는 영업위험을 낮추는 데 큰 도움이 된다. 예컨대 빌딩 소유주와 임대차 계약을 체결할 때, 임대차 보증금을 낮추는 대신에 매출이나 영업 성과와 연동해서 지급하는 임차료의 비중을 높인다면 기업의 고정비 부담이 줄어들게 된다. 물론 사업이 잘 되는 시기에는 매출액에 비례해서 지급해야 하는 임대료도 그만큼 늘어나기 때문에 전체 이익 규모는 줄어들게 된다. 결국 기업의 수익이나 사업이 잘될 때나 안될 때나 이익의 변동폭이 줄어들게 되는데 이러한 손익의 변동가능성을 줄여 주는 것을 기업위험을 줄이는 것으로 이해하면 되는 것이다.

기업이 좋은 상품과 서비스를 만들어 팔아 많은 돈을 벌어들이면서도 회사가 지불해야 할 비용을 일정 수준 이하로 관리하고 회사 내 순현금 유입을 지속적으로 늘려나가는 경우는 경제적인 측면에서 지속가능성을 확보하는 길인 것이다. 미래 현금흐름을 현재가치로 환산하기 위해 할인율을 사용하게 되는데, 기업의 위험이 커지면 할인율이 높아져 기업의 가치는 그만큼 하락하게 된다.

즉, 기업의 위험을 잘 관리하는 것은 기업의 가치를 높이는 역할을 하게 되는 셈이다.

오늘날 글로벌 무한경쟁 환경에 노출되어 있는 대다수 기업들은 안정적으로 돈을 벌어들이면서 계속 성장하기가 매우 힘들다. 돈이 되는 사업엔 언제 경쟁자가 나타날지 모른다. 그래서 당장 돈을 많이 버는 사업이라도 언제 적자사업으로 전락할지 모르기 때문에 기업은 분산투자와 함께 먼 미래를 내다보고 새로운 먹거리를 늘 찾아다닌다. 기업은 굴러가는 자전거와 같아서 멈추면 쓰러지게 된다. 그래서 기업을 계속기업Going concern이라 부르는 것이다.

기업의 목표는 다른 말로 잔여청구권인 이윤(=총수입－총비용)의 가치를 최대화하는 것이다. 이윤은 어떠한 자원에 지불되어야 하는 것이 아니며, 잔여이익이다. 이는 모든 비용이 지불되었을 때 수입 중에서 남아 있는 부분이며, 이는 다른 사람보다 미래를 더 정확하게 예측한 결과로서 얻은 것이며, 사업가(주주)의 정당한 권리이다.

기업은 일회적 거래로 끝나는 시장과는 달리 계속적으로 존재한다. 그래서 기업은 단기적 이익추구만이 아니라 지속가능한 성장을 추구한다. 이를 위해 경제와 환경과 사회적 발전을 조화롭게 추구하는 것이다. 다시 말해 경제적 이익 추구와 함께 리스크(미래 현금흐름의 변동성, 환경 및 사회적 위험 등)를 최소화하기 위해 다각적으로 위험관리를 해야 한다.

기업의 핵심요소는 사람, 돈, 기계 그리고 기술 및 특허, 정보 등이다. 이들을 적절히 조합하여 새로운 가치를 창출해야 기업이 굴러간다. 또한 의사결정 관점에서 보면 기업은 회사 가치를 최대화하기 위한 의사결정 과정의 연속이다. 기업의 의사결정은 여러 대안 중에서 투자수익과 위험을 고려한 최적의 대안을 선정하고 이를 가장 효과적으로 실현하기 위한 전략과 실행방법을 결정하는 것이다.

《지속가능경영의 프레임워크》

지속가능경영 담당조직	비전 및 방침	최고경영자의 의지	지속가능경영 의사소통	지속가능경영 실천
① 환경적 지속가능성(Environmental Sustainability) ② 에코 효율성(Eco-Efficiency) ③ 경제적 지속가능성(Economic Sustainability) ④ 경제의 질적 성장(Economic Quality Growth) ⑤ 사회적 지속가능성(Social Sustainability) ⑥ 사회적 책임(Social Responsibility)				
청정생산/전 과정 관리 기후변화 대응 리스크 관리 생물다양성 보호		지역사회 경제 기여 기업 투명성 공정경쟁, 혁신		보건안전

환경 문제로 경영위기를 겪었던 일본 소니사의 카드뮴 사건은 오늘날에도 많은 교훈을 주고 있다. 2001년 12월 플레이스테이션 게임시스템의 케이블에서 카드뮴이 발견되어 네덜란드 정부로부터 수출품 반입을 금지 당했다. 이로 인해 소니는 한순간에 1억 3,000만 달러(130만 박스)를 손해 보게 되었으며, 주가도 크게 떨어졌다. 이를 두고 전문가들은 '카드뮴 위기'라고 부른다. 이러한 사건 이후 대다수 스마트한 기업들은 지속가능발전 차원에서 환경적 문제들에 대한 전략적 대응을 통해 경쟁력을 확보하려 노력해 왔다.

기업이 생존 차원을 넘어 미래세대까지 지속가능발전을 이어 가기 위해서는 경제적인 성장과 환경적 기여는 물론 사회적 책임과 투자도 의사결정 과정에서 고려해야 한다.

시장이 없이는 기업도 생존할 수 없다. 기업은 시장에서 소비의 주체인 국민과 국가에게 늘 감사하는 마음으로 살아가야 한다. 시장이 사업 기회를 열어 주는 것이고, 국가가 시장의 공정한 거래질서를 잡아주고 시장기능이 제대로 작동하지 않을 때 제 기능을 하도록 도와주기 때문이다.

또한 반(反) 시장적 정서와 기업에 대한 부정적인 인식을 해소하기 위해서는 기업 자신만의 이익을 챙기지 말고 공동체 전체의 안녕과 공동번영에도 관심을 갖고 투자해야 한다. 신뢰 사회 건설과 공동체 복원에 기업 구성원이 앞장서야 한다. 이를 위해서는 기업인들이 국민 눈높이에 맞게 사회와 공동체 발전을 위해 기여해야 한다. 사회적 책임을 다하는 것은 물론 국민을 섬기고 기업 간 상생과 협력을 추구하며, 국가적 위기 극복에 솔선해야 한다. 기업의 발전 없이는 시장과 국가의 발전도 없지만, 시장과 국가의 발전이 없으면 기업의 성장도 기대할 수 없다.

2 개인의 지속가능성

기업의 지속가능성과 개인의 지속가능성은 직접적인 관련은 없지만 지속가능성을 떠올리면 많은 사람들은 자신의 처지와 비교하려는 속성이 있으며, 이에 대한 관심이 많은 편이다. 이하에서는 기업의 지속가능성과 비교하면서 몇 가지 개인과 가족의 지속가능성에 대해 생각해 보았다. 따라서 시간이 없는 독자는 본 장을 건너뛰어 3장으로 옮겨 가도 좋을 것이다.

구약 코헬렛(1.2~11)은 이 세상 모든 것이 덧없음을 이야기 한다. 모든 것은 어느 순간에 생겼다가 사라진다는 것이다. 그렇다면 변하지 않는 것은 무엇일까? 태어난 것은 반드시 사라진다고 해서 개인이나 조직이 살아있는 동안 보다 더 성장하면서 건강하고 품위 있게 잘 살아가고 싶은 욕망이 사라지는 것은 아니다. 오히려 언젠가는 사라져야 한다는 사실 때문에 장수나 지속가능발전에 대한 열망이 더 커지는 것은 아닌지 모른다. 또한 같은 기간을 살더라도 품위 있게 살면서 장수하고 대를 이어 자손이 지속적으로 번성하기를 갈망할 것이다. 이것은 자연스러운 일이고 인간은 물론 거의 모든 조직의 본성에 가까운 것이다.

하지만 어떻게 하면 살아가는 동안 위험을 줄여 기복 없이 품위 있게 살며, 대를 이어 지속가능한 성장을 할 것인가에 대해서는 잘 모른다. 관심에 비해 별 노력을 기울이지도 않는다.

세계적 경영학자 피터 드러커는 본인이 의도했든 하지 않았든 개인의 지속가능성의 개념과 실천방법 등에 대해 다음과 같이 말한다. 그는 자신이 장수의 삶을 살면서 100세 시대를 예견하고 지식근로자들에게 인생 2막을 준비하라고 말한 것만 같다.

"지식근로자는 50여 년간 근로 생활을 하는 동안 육체적으로는 젊고, 정신적으로는 활기를 유지하는 법을 배워야 한다. 지식근로자는 자신들이 하고 있는 것을 어떻게, 그리고 언제 바꿀지를 알아야 한다. 그 방법과 시기를 알아야 한다."4)

Knowledge workers will have to learn to stay young and mentally alive during a fifty-year working life. They will have to learn how to and when to change what they do, how they do it, and when do it.

그러나 우리나라 대다수 근로자들은 치열한 경쟁문화 속에서 하루하루 힘든 일과 장시간 출퇴근 시간 등으로 다람쥐 쳇바퀴 도는 듯한 삶을 살아 온 터라 드러커 교수의 충고를 제대로 실천하기가 쉽지 않을 것이다. 이미 인생 후반을 맞은 기성세대야 어찌할 수 없다 하더라도, 20대 후반에 직장생활을 시작하는 청년 세대들은 20~30년 직장생활을 하다가 퇴직하게 되면 앞으로 또 다른 20~30년의 경제적 활동을 해야 한다. 경제적으로 여유가 있는 사람이라 하더라도 자신만의 소일거리를 찾아 몰입해야 한다. 그러한 일이 공동체 번영을

---

4) 이재규, 『피터 드러커 경영 키워드 365』, 372쪽.

위해 도움이 되는 일이면 더욱 좋다. 그래야 노년에 가장 고통스럽다는 외로움을 극복하는 데 도움이 될 것이다. 하지만 우리사회의 퇴직 후 일자리는 자신의 전공 분야나 직종에 상관없이 커피숍이나 치킨집과 같은 점포 개업이나 공공근로 일자리로 수렴된다. 소위 '한국형 커리어 다이어그램'이 있다고들 한다. 기성세대와 달리 젊은 세대만이라도 언제 어떻게 현재의 직장을 바꾸어야 하는지를 염두에 두고 인생 2막을 착실히 준비하면 좋겠다.

2018년 지방자치단체장 선거 후 한 모임 게시판에 올라온 글 가운데 눈에 띄는 글이 화제가 된 적이 있었다. 강석주 통영 시장의 부친이신 아파트 경비원에 관한 글이다. 글쓴이는 "통영 시장의 아버님이 우리 아파트를 관리하시는데 많은 사람이 와서 아들이 시장이 되었는데 그만두어야 하는 것 아니냐고 했다. 그때마다 '아들이 시장이지 내가 시장인가' 하시며 하던 일을 계속하신다."라고 썼다.

강 시장은 이와 관련하여 한 언론 인터뷰에서 "아버지께서 전매청에 다니시다 퇴직하시고 이후 20여 년간 경비 일을 하신다. 형편이 어려운 것은 아니지만 일을 하시는 게 건강에 좋다며 계속하신다."라고 말했다. 강 시장 장인도 수십 년째 택시 운전을 하고 있다. 강 시장 부친과 장인이 일하며 사시는 노년의 삶의 모습은 이제 100세 시대에는 아주 평범한 일상이 되어야 하는 것이다.

이 두 노인처럼 정년퇴임 이후 건강을 위해서라도 80대까지는 일을 계속해야 한다. 이러한 지속가능한 개인적 삶의 준비를 미리부터 해야 한다.

개인이나 가족 단위에서의 지속가능발전과 기업과 같은 조직 단위의 지속가능한 성장에는 공통점도 있지만 차이점도 많다. 특히 사회 전반에 미치는 영향이 크고, 수많은 이해관계자와 거래하고 소통하는 기업과 같은 조직에서는 지속가능성을 위협하는 위험요인들이 다양하고 복잡한 반면, 개인이나 가족 단위에서는 비교적 단순한 편이다. 하지만 개인에게는 영적이고 신앙적인 요소가 존재하고 있다.

그래도 경제적 측면의 지속가능성은 개인이나 조직이나 비슷한 면이 있다.

'인생의 3대 비극은 초년 출세, 중년 상처, 노년 무전'이란 농담이 있다. 이게 틀린 말일까? 이 농담에 공감하는 이들이 많다. 나이가 들수록 공감이 간다고들 한다. 1997년 12월 금융 외환위기 발생 이후 세상살이가 힘들어지면서 생긴 유행어 중 하나가 인생의 3대 비극이란 말이다. 인생 3대 비극 중 하나라도 경험했거나 겪어 본 사람이라면 대체로 공감할 것이다. 예를 들어 초년에 출세했던 사람들 가운데 중년과 노년을 힘들게 보내는 사람들이 부지기수다. 유명 연예인이나 스포츠선수 가운데 그런 분들이 많고 정치인이나 직장인 중에도 초년에 출세했다가 중도에 실패해 재기하지 못한 인사들이 적지 않다. 그런데 왜 초년에 출세한 사람들이 지속적으로 성장하지 못하고 중도에서 도태되는 사례가 많은 것일까? 변화하는 현실 세계에 적응하는 법을 배우지 못하고 과거의 성공의 자만심에 빠져 겸손하게 자신을 내려놓고 다시 처음부터 시작하는 것이 어려워서 그런 것일 것이다. 즉, 회복탄력성[5]이 낮기 때문일 것이다. 지속적인 발전을 이루거나 큰 성취를 이루어낸 사람들이나 조직은 역경을 딛고 일어나는 회복탄력성이 높은 사람들이나 조직이다.

한 방송매체에서 아역배우로 출세했다가 미국으로 이민을 간 연예인이 있다. 그는 연예인 시절에 벌어놓은 돈으로 몇 년 잘 지내다가 돈이 떨어지면서 좌절을 겪다가 역경을 딛고 재기에 성공한 디자이너이다. 그녀의 스토리가 TV에 방영된 적이 있다. 「라라랜드, 제니 in LA」라는 프로그램으로 방영되었는데 초년에 출세했던 젊은 연예인이 새로운 삶을 살아가면서 겪어야 했던 고통이 잘 담겨 있다. 어디서부터 어떻게 시작해야 하는지 몰랐고 사람들을 만날 용기도 나지 않았다. 실수나 실패에 대한 두려움도 컸다. 많은 시행착오 끝에 용기를 내어 도전하면서 조금씩 현장에 적응하는 법을 알고 재미를 느끼면서 인생 2막에서 성공할 수 있었다. 그래도 이 연예인은 본인의 타고난 열정과 긍정적인 자세 때문에 재기에 성공한 보기 드문 사례라 할 수 있다.

---

5) 회복탄력성(resiliance)은 크고 작은 다양한 역경과 시련과 실패에 대한 인식을 도약의 발판으로 삼아 더 높이 뛰어오르는 마음의 근력을 의미한다. 물체마다 탄성이 다르듯이 사람에 따라 탄성이 다르다. 역경으로 인해 밑바닥까지 떨어졌다가 강한 회복탄력성으로 다시 튀어 오르는 사람들은 대부분의 경우 원래 있었던 위치보다 더 높은 곳까지 올라갈 수 있다.

대다수 초년 출세자는 자신의 과거 영광 안에 갇혀 새로운 환경 변화에 유연하게 대처하지 못하고 자포자기하며 어렵게 살아가는 경우가 태반이다. 그래서 초년 출세를 인생 3대 비극의 첫째로 든 것이 아닐까 생각한다. 초년부터 말년까지 잘 나가기는 정말 쉽지 않다. 그래서 행복이나 지속가능성 관점에서 보면 대기만성형 인간이 더 바람직하고 감동적인 경우가 많다.

중년 상처의 비극은 정서적 측면의 안정이 개인이나 가족 단위의 지속가능성에 중요함을 강조한 것으로 이해된다. 한편 노년 무전 비극은 재정적 또는 경제적 지속가능성을 강조한 것으로 보면 될 것이다.

노인 권익 신장과 '노인들의 건강하게 나이 들기Healthy aging 운동'을 주도하는 한국헬프에이지라는 노인복지법인과 한국화이자 제약회사가 매년 공동개최해 온 핼시 에이징 사례 발표회에서 발표자로 나선 77세의 한 동갑내기 부부는 건강하게 오래 살기에 대해 다음과 같은 얘기를 들려주었다.

40여 년 전 브라질로 이민 가기 전에 한 약학 교수가 쓴 글이 생각난다.

일생을 건강하게 오래 살려면,
첫째, 자신이 건강해야 하고,
둘째, 배우자가 건강해야 하며,
셋째, 속내를 털어놓을 수 있는 친구,
넷째, 남들과 어울릴 수 있는 만큼의 경제적 여유와

다섯째, 혼자서도 외롭지 않게 즐길 수 있는 취미가 있어야 한다는 것이다.

이 다섯 가지의 공통점은 외로움 극복과 관련되어 있다고 그들은 회고했다. 누구든 건강하면서 오래 행복하게 살려면 외롭지 않게 살아가는 것이 중요하며, 이것이 개인적인 지속 가능한 삶의 핵심임을 설명하고 있다.

오늘날 국가 차원의 사회복지제도의 발달 등으로 굶어 죽는 사람은 거의 사라지고 있다. 하지만 최소한 친구나 이웃과 더불어, 또는 교회나 사회공동체 안에서 인간관계를 유지하며 외롭지 않게 살아갈 수 있는 정도의 경제적 여유를 갖고 한평생 살아가는 것은 매우 어렵다. 이런 의미에서 노년 무전이 노년의 비극이라는 데 대체로 공감할 것이다.

100세 시대를 맞아 60대 은퇴 이후 어떻게 경제적인 삶을 이어가야 할지에 대해 대다수 중년층은 걱정한다. 더구나 60세 이전에 퇴직해야 하는 한국의 직장인들 입장에서 연금수령 때까지 5년 내지 10년간 소득갭을 어떻게 메워야 할지는 큰 고민거리이다.

젊은 시절 직장생활을 하면서부터 퇴직 후 단절 기간의 경제적 삶을 어떻게 이어가야 할지 치밀하게 준비해야 한다.

소득 공백기와 열악한 연금에 의존해서 여생을 살아가기란 쉽지 않다. 그렇다고 모아놓은 재산도 변변치 않아 매월 필요한 생활자금과 자녀들 혼수 자금 등을 준비하고 병원비 등 긴급 필요 자금을 마련하는 것도 쉽지 않은 일이다. 이러한 공백기를 힘들게 지내다 보면 노년기 20~30년은 빈곤층으로 살아갈 가능성도 커져만 가게 된다. 그렇다고 국가의 사회적 안전망이 잘 준비되어 있는 것도 아니다. 국가가 국민복지 차원에서 매년 많은 예산을 늘려가고 있지만 이 또한 한계가 있다. 옛말에 가난 구제는 나라님도 못한다고 했다. 더구나 오늘날 우리는 이제껏 인류사에서 경험해보지 못한 100세 시대를 맞아 긴 노후의 삶을 살아가야 한다. 세계 경제사를 보면 1900년대 초 세계 인구의 평균수명은 40세에 불과했다. 노후 준비라는 것 자체가 필요 없었던 셈이다. 더구나 한집안에 3~4세대가 모여 살던 농경시대라서 어르신이 오래 살더라도 나름의 역할이 있었고, 집안의 어르신으로서 존경을 받았으며, 경제적인 문제는 가족공동체가 해결하며 살았다.

오늘날 100세 시대를 맞게 되면서 60세까지의 직장생활로 번 소득으로 나머지 40년 경제적 삶을 이어가는 것은 인류가 직면한 최대의 도전인 셈이다. 경제적인 측면에서의 지속가능한 삶을 살아가기 위한 대안을 만들어 가야 한다.

이같이 개인이나 가족 단위에서의 지속가능성은 경제적(재정적) 측면에서의 고뇌와 함께 가족이나 이웃과의 관계 등 사회적 측면, 그리고 정서적 측면과 영적 또는 신앙 측면에서의 지속가능성도 염두에 두어야 한다. 경제적 지속가능성을 해결했더라도 인간은 자아실현 욕구가 강하고 특히 신앙인이라면 더욱 그렇다. 가족 간의 종교적 갈등은 물론 신과 인간과의 갈등도 개인이나 가족의 지속가능한 삶을 크게 위태롭게 할 수 있는 한 요인이다.

매슬로우의 '인간의 욕구 5단계설' 관점에서 바라보면 개인의 지속 가능한 성장과 행복한 삶을 이해하는 데 보다 도움이 될 것 같다.

특히 정서적 또는 정신적 측면에서의 지속가능성을 생각해 볼 때는 매슬로우의 욕구 5단계설과 같은 심리학적인 분석 도구가 더 설득력이 있어 보인다.

예컨대 우리나라 같은 아파트 중심의 주거문화에서는 소통이 차단되어 나 홀로 생활하는 인구가 증가하고 있으며, 이웃이나 가족이 함께 모여 대화하고 어려운 이웃과 나누는 공동체 문화는 쇠퇴해가고 있다. 특히 코로나19 감염병 사태 이후 대면활동이 줄고 비대면 활동이 일상화되면서 공동체 해체 현상은 더욱 가속화되고 있다. 이 같은 사회에서는 노동시간의 감소와 4차 산업혁명의 진전으로 인한 일자리 대체가 자칫 매슬로우AH Maslow의 '인간 욕구 5단계설'[6]에서 지칭하는 자아실현의 기회를 줄여 개인의 소외감을 증대시킬 것으로 우려된다. 또한 이로 인해 우울증 환자와 자살충동자가 증가함에 따라 개인과 가족 차원의 지속가능성을 크게 위협할 수 있다.

---

6) 매슬로우(A.H Maslow)의 인간 욕구 5단계설(Needs Hierarchy Theory)에 의하면 인간의 욕구는 생리적 욕구, 안전욕구, 사회적 욕구, 존경의 욕구와 자아실현의 욕구 등 5단계로 나타나며, 이러한 욕구를 만족시키기 위해서는 각각 동기부여가 이루어져야 한다는 것이다.

개인이나 가족 차원의 지속가능성을 추구하는 것은 이웃과 사회공동체의 번영과 평화 실현에도 기여할 수 있다. 작금의 우리 사회는 과도한 입시경쟁으로 인해 당장이라도 아파트 베란다에서 뛰어 내리고 싶어 하는 청소년들이 전 세계에서 가장 많은 곳이다. 헬조선이라 불릴 만큼 희망이 없는 하루하루를 보내느라 우울증에 시달리는 청년들이 많다. 연애도 결혼도 취직도 내 집 마련 등 어느 것 하나도 제대로 할 수 있는 것이 없다. 행복한 삶의 여정이란 것은 꿈도 못 꾸고 사회가 그들로 하여금 모든 것을 포기하고 싶게 만든다. 젊은이들이 삶을 포기하는 것은 이를 바라보는 부모나 기성세대의 우울과 좌절로 이어지기 쉽다. 아무리 지난날 잘 살아왔더라도 희망 없이 살아가는 자녀들을 바라보게 되면 부모들조차 근심에 차게 되고 행복하고 지속가능한 삶을 꿈꾸는 것은 엄두조차 내기 힘들어진다.

최근 4년제 대학을 졸업한 취업준비생 124명을 대상으로 설문조사한 결과 7명 중 1명은 극심한 취업 스트레스로 자살을 생각한 적이 있으며, 취업준비생의 39.5%가 우울증 진단 가능 수준의 우울 증상을 경험한 것으로 밝혀졌다(정희연 교수 서울대학교 보라매병원 정신건강의학과 연구팀' 연합뉴스 2018년 5월 20일).

우리나라의 공시생 수는 44만 명에 달하는 것으로 추청된다.[7] 우리나라 청년인구(만20~29세) 644만 5천명의 6.8%, 2017년도 수능 응시자(59만3천명)의 75%에 해당하는 청년이 공

---

[7] 김향덕 · 이대중, 「공무원시험준비생 규모 추정 및 실태 연구」, 『현대사회와 행정』 28권, 2018년 3월.

무원 시험준비를 하고 있다. 공시생 413명에게 물었더니 직업의 안정성(54.5%), 안정된 보수(21.3%), 국가봉사(2.9%) 청년실업의 심각성(14.3%)을 공시준비 이유로 들었다. 공시생의 60~70%는 공시 열풍이 바람직하지 않다고 답변한다. 다른 진로를 선택하는 데도 도움이 되지 않는다고 답한다. 공시생 스스로 공시 열풍이 국가적 손실임을 잘 알고 있다. 이들은 대안으로 청년 일자리 창출(46.4%)을 기대하고 있지만, 일자리 기회는 더 줄어들고 있다. 특히 2020년 1월 발발한 코로나19 감염병 사태 이후 극심한 경제침체로 대졸자들의 취업기회는 더욱 줄어들어 들고 있다.

한 개인이 태어나고 성인으로 자라나 직장생활을 하거나 사업을 영위함으로써 매월 일정한 수입을 벌어들이고 그 돈으로 살아간다. 남는 돈으로 저축을 하고 재산을 계속 늘려가노라면 자녀들이 잘 성장해서 취업과 결혼도 하고 손주들을 낳아 행복한 가정을 잘 꾸려 간다. 그런 것을 기대할 수 있을 때 부모 세대는 개인적으로나 가정적으로 지속가능한 삶을 살았다고 나름대로 자부할 것이라고 생각한다.

하지만 현실 세계에서 어른이 되어 결혼을 하고 자녀가 생기게 되면 가장으로서 매월 벌어들이는 수입이 일정하지 못하게 되는 경우도 많고 변동성 또한 커져 불안정한 생활을 하는 경우도 많을 것이다. 설령 안정적인 소득을 벌더라도 예상치 못한 집안의 우환 등으로 어려움을 겪게 되는 경우도 있을 것이다. 개인이나 가정에서 경제적인 측면의 지속가능성을 확보하는 것은 쉬운 일이 아니다. 하지만 경제적 지속가능성을 높이는 것은 개인이나 가족의 지속가능성 확보의 관건이라고 믿는 이들도 적지 않다.

　경제적 측면의 지속가능성을 확보하기 위해서는 기업처럼 안정적인 자금 흐름Cash flow을 만들어 가는 것이 중요하다. 매월 일정한 돈이 들어오게 하면서도 생활하고 남은 돈을 계속 비축해 가기 위한 노력을 기울여야 하는 것이다. 급여생활자라면 직장에 취업해서 지속적으로 소득을 늘려가는 노력을 해야 하는 것이며, 직장이 어려움에 처해 이직하게 되는 경우에는 다른 직장으로 옮겨 종전보다 나은 경제적인 수입을 벌어들이려는 노력을 하거나 자신의 사업을 영위함으로써 경제적 삶을 이어 가게 되는 것이다. 100세 시대를 맞아 은퇴 이후에는 연금 수입만으로는 생을 이어가기가 쉽지 않기 때문에 부족한 재정 부분을 해결하기 위한 노력을 기울여야 할 것이다. 이 과정에서 국가 차원에서도 사회적 안전망 확충을 통해 개인들의 경제적 어려움을 해결해 주기 위한 관심과 노력을 경주해야 할 것이다.

　개인의 지속가능성 유지의 관건은 초심을 잃지 않고 일관성을 유지하는 자세이다. 그러려면 갖가지 유혹에 빠지지 않고 인내하며 자신의 길을 걸어가야 한다. 이때 함께할 수 있는 동행자가 있으면 금상첨화다. 대중가수 중에 한결같이 국민적 사랑을 받아온 분들, 나훈아씨나 조용필씨나 이미자씨 같은 분들은 가수로서의 외길 인생을 걸었을 뿐만 아니라 자신만의 음악 세계의 길을 일관되게 걸어온 분들이다. 그러다 보니 시간이 갈수록 그들만의 독창성은 더욱 두드러지고 그들에 대한 국민적 존경심은 끊이질 않는다. 한때의 인기는 얻을 수 있어도 이를 계속 이어가기는 쉽지 않다. 각종 유혹을 참아내며, 자신만의 길을 걸어가야 하기 때문이다.

또한 개인적 지속가능성의 핵심요소인 인간관계에 있어 가장 중요한 것은 가족 간의 사랑과 유대이다. 미국 대학에서 인생의 최고 순간과 최악의 순간이 무엇인가를 설문조사했더니 우리의 일반적인 예상과 다른 결과가 나왔다. 사람들은 최고의 순간을 승진이나 합격과 같은 것이 아니라, 자녀가 태어났을 때, 배우자로부터 처음으로 사랑 고백을 받았을 때 등 인간관계를 들고 있었다. 최악의 순간도 사업 실패나 입학시험 불합격이 아니라 배우자와의 이별과 사망 등 인간적인 관계를 들고 있었다.

필자가 20여 년간 각종 모임을 하면서 모임에 참가한 분들에게 최근 행복했던 일을 한 가지씩 예로 들며 시작 인사를 하는 규칙을 만들어 운영해 왔는데, 여기에서의 공통적인 행복 요소는 인간관계와 관련된 것들이다. 주말에 부모님과 식사하던 일, 연인과 색다른 경험을 한 일, 아이들과 함께 놀이동산에 가서 놀았던 일, 가족을 위해 요리를 만들어 준 일, 가족과 함께 영화를 본 일, 친구들과 함께 노래방에 가서 노래 부른 일, 가족과 함께 해외여행 간 일 등등, 가족과 함께한 일들을 행복했던 추억으로 소개한다는 사실을 매 순간 확인할 수 있었다. 20년 이상 이러한 체험을 통해 우리가 더 행복해지려면 출세지향적인 삶이 아니라 가족과 더불어 살아가는 평범한 일상의 삶이 행복의 원천이고 세대 간의 끈을 이어주는 것임을 새삼 느낄 수 있었다.

남과 비교하는 태도나 습관도 지속가능한 삶을 살아가는 데 방해가 된다. 인간이 다른 사람과 비교하는 것을 전혀 안 할 수는 없겠지만 우리나라처럼 남과 비교하기가 심한 사회에서는 그런 태도가 개인이 행복하고 지속가능한 삶을 살아가는 데 큰 걸림돌이 된다. 해외에서 유학 생활을 한 사람들 가운데 국내에서 좋은 일자리를 구할 수 있는 능력이 출중함에도 한국에 들어오지 않는 여성분들이 제법 많다. 그분들이 내세우는 이유 중 하나가 남을 너무 의식하며 살게 만드는 한국 사회 풍토가 싫어서라는 것이다. 해외에서는 남을 의식하지 않고 자유롭게 활동할 수 있는데 한국에 들어오면 옆집에 가는데도 화장을 해야 하고 옷도 잘 차려입어야 하는 게 싫다는 것이다. 이것만이 아니다. 우리 사회에서는 남의 사생활에 지나치게 관심을 갖고 평을 하는 분들을 흔히 볼 수 있다. 사생활에 대한 질문도 너무 쉽게 한다. 이러한 사회 풍조가 남을 지나치게 의식하며 살게 만든 측면도 있다. 코로나바이러스 감염증 사태가 많은 문제를 야기하고 있지만 한편에서는 마스크 사용이 의무화되면서 여성들을 화장에서 해방시켰다는 말들도 한다.

남을 지나치게 의식하는 삶은 본인의 발전과 정신건강에 부정적인 영향을 줄 뿐 아니라 자신만의 유일성을 만들어가는 것을 어렵게 하여 노후 생활마저 힘들어질 수 있다. "나"라는 존재는 세상에 오직 하나뿐이다. 남들과 다른 것은 자연스러운 것이고 나만의 고유한 스타일을 선택하고 즐길 권리도 있고 이러한 선택을 통해 행복해지면 더 좋을 것이다.

조심스럽긴 한데 결혼이나 출산 문제에 대해서도 남을 특별히 의식할 필요는 없어 보인다. 요즘처럼 결혼, 출산, 육아, 교육과 생활 전반에 따르는 기회비용이 커지고 있는 현실 속에서는 결혼이나 동거 문제 등에 대해서도 자신의 처지에 맞게 선택하면 될 일이다. 남을 의식해서 전통적인 방식을 따라야 한다고 생각하다 보면 좋은 인연을 놓쳐 행복하게 살아갈 기회를 오히려 놓칠 수 있기 때문이다.

프랑스 사상가 자크 아탈리는 일찍이 "2030년이면 결혼제도가 사라지고 90%가 동거로 바뀔 것"이라고 전망했다. 미국 인류학자 헬렌 피셔도 "과거 1만 년보다 최근 100년간 결혼 관습이 더 변화했다며, 앞으로의 변화는 더욱 극적일 것"이라고 말했다. 지금 사람들이 '전통적인 결혼'이라고 생각하는, "남녀가 사랑을 바탕으로 결합해 남자는 생계를 책임지고 여자는 살림하는 방식"도 "자본주의가 등장할 때부터 발달하기 시작해 결혼의 황금기라고 일컬어지는 1950년대에 절정에 이른 새로운 결혼 형태"(『진화하는 결혼』)이다.

프랑스는 1999년 시민연대협약PACs 제도를 도입했다. 개인 간 동거계약(팍스)만 있으면 조세·육아·교육·사회보장 등에서 법률혼과 동등한 대우를 해준다. 프랑스의 경우 2017년 신생아의 59.9%가 결혼하지 않은 부모 밑에서 태어났다. 그 외 네덜란드(동반자보호법), 스웨덴(동거법) 등 유럽 국가들은 동거에 대해 법률혼과 같은 권리를 인정해주고 있다. 혼외 출산 신생아 수도 꾸준히 증가하고 있다. 유럽연합의 공식 통계기구인 유로스타트에 따르면 2016년 아이슬란드, 프랑스, 네덜란드, 스웨덴, 포르투갈, 덴마크 등 유럽 10개국에서 혼외 출산 신생아 수가 전체 신생아 수의 절반을 넘어섰다. 이들 국가가 전반적으로 출산율도 높았다.

우리나라 통계청의 2018년 사회조사에서도 '동거할 수 있다'고 응답한 비율이 56.4%로 처음 절반을 넘어섰다. 20대는 74%였다. '결혼하지 않고 자녀를 가질 수 있다'는 응답도 30%를 넘었다. '결혼을 꼭 해야 한다.'는 응답(48.1%) 역시 절반 아래로 떨어졌다. 이제 혼인과 혈연으로 맺어진 이른바 '정상가족' 외에 비혼동거 가족이 날로 늘고 있다.

이제 사회 환경의 변화에 따라 취업관이나 결혼관도 달라지고 자녀관도 많이 달라지고 있다. 개인적인 지속가능한 삶의 개념은 각자 달리 생각할 여지가 많다. 어느 경우든 한평생 살아가는 동안에 경제적 문제없이 육체적, 정신적으로 건강하며, 신앙이나 영적으로 완덕에 이르는 삶을 살고 싶을 것이다. 이를 위해 나름의 버킷리스트를 만들어 실천하는 이들도 있을 것이다. 하지만 어느 경우든 개인적 성취만으로는 자신의 지속가능성을 실현할 수 없을 것이다. 개인과 가정은 물론 사회공동체의 공존과 번영에 기여할 수 있는 봉사와 헌신의 삶도 필요하다. 사회적 약자나 공동체를 위해 사회적 기여나 책임을 다해야 한다. 개인의 사회와 공동체를 위한 봉사와 헌신은 여유가 있어서 하는 것이 아니라 삶의 그 자리에서 누구나 바로 행하는 것이다. 개인적 지속가능성을 추구하려는 우리 모두는 1960년대 미국 최초 흑인 테니스대회 우승자이자 에이즈 퇴치 운동가였던 애쉬의 말처럼 '위대함을 이루고자

한다면, 지금 있는 그 자리에서 시작해야 한다. 가진 게 적더라도 그것만으로도 할 수 있는 일부터 바로 시작해야 한다To achieve greatness, start where you are, use what you have, do what you can'.[8]

톨스토이의 단편소설 「사람은 무엇으로 사는가」의 메시지는 인간의 지속가능한 삶이 개인의 먹고사는 문제의 차원을 넘어 이웃과 공동체를 사랑하고 배려하는 삶으로 이어져야 하는 것임을 말해 주고 있다. 『100년을 살아보니』의 저자인 김형석 교수는 인생의 황금기를 60세에서 75세 정도라고 말한다. 후회 없이 한평생 잘 살아가려면 늘 공부하고 취미생활과 일(봉사)을 하며 살 것을 권한다.

영화 데뷔작 『로마의 휴일』로 은막의 여왕에 등극한 오드리 헵번은 『사브리나』, 『전쟁과 평화』, 『티파니에서 아침을』, 『마이 페어 레이디』, 『언제나 둘이서』, 『백만 달러의 사랑』 등의 많은 영화에 출연했으며, 1989년에는 스티븐 스필버그가 메가폰을 잡은 영화 『영혼은 그대 곁에』에 우정 출연해 노익장을 과시하기도 했다. 배우로서의 인생 1막만큼이나 그녀의 인생 2막 또한 감동적이었다.

그녀는 유니세프 친선대사가 되었다. 유니세프가 그녀를 원했던 것이 아니라 그녀가 먼저 유니세프에 손을 내민 것이다. 헵번은 취임사에서 다음과 같이 말했다.

---

8) 윤정구, 『진정성이란 무엇인가?』, 303쪽. 애쉬는 흑인 최초의 전 미국 테니스대회 우승자이며, 에이즈에 걸려 죽음을 맞이한 상황에서도 에이즈퇴치운동을 통해 다른 에이즈환자들의 치유를 도우려 한 운동가였다.

"저 자신이 2차 대전 직후 유니세프로부터 식량과 의약품을 지원받았기 때문에 유니세프가 얼마나 중요한 일을 하는가를 증언할 수 있습니다. 유니세프에 대한 감사와 신뢰의 마음은 평생 변하지 않았습니다. 전 앞으로도 계속 그럴 겁니다."

전쟁 피해 아동의 구호와 저개발국 아동의 복지 향상을 목적으로 설립된 국제연합 특별기구인 유니세프는 유아 시절 백일해 때문에 죽음을 경험했던 오드리 헵번에게는 숙명처럼 다가왔다. 60세를 바라보는 나이에 유니세프가 원하는 곳이면 어디든 달려갔다. 보수는 1년에 1달러뿐이었고 교통비 숙박비 외에는 아무것도 제공되지 않았지만, 그녀는 열정을 다해 헌신했다. 굶주림과 병으로 죽어가는 어린이들의 슬픈 현실을 세상에 알렸다. 곤경과 죽음에 처한 아이들을 차마 외면할 수가 없었다. 그건 죄악이라고 생각했다. 그녀의 발길은 아프리카 전 지역을 비롯해 방글라데시, 엘살바도르 등 50여 곳이 넘게 이어졌다. 비행기를 타고 버스로 이동하는 험난한 여정이었다. "어린이 한 명을 구하는 것은 축복입니다. 어린이 백만 명을 구하는 것은 신이 주신 기회입니다."

그녀의 끝없는 행보에 드디어 언론과 사람들의 시선도 달라지기 시작했다. 병에 걸린 아이들을 스스럼없이 만지고 고통 앞에 눈물을 흘리는 장면이 전 세계인의 가슴을 울렸다. 드디어 세계 각국에서 구호물자와 기부금들이 모이기 시작했다. "저게 뭐지요?" 1992년 소말리아를 방문했을 때 마을 공터 구석에 놓여 있는 수많은 자루 꾸러미를 보았다. 호기심 어린 눈으로 원주민에게 웃으며 물었을 때 그녀는 귀를 의심할 만한 충격적인 이야기를 들었다. 그건 다름 아닌 아이들의 시체였다. "오 마이 갓!" 오드리 헵번은 그때 강한 충격을 받았다.

그녀는 그 자리에서 주저앉아 두 손을 모았다. 두 눈에서 눈물이 하염없이 쏟아졌다. 그 순간부터 오드리 헵번은 소말리아에 대해 강한 애착을 가지게 되었다. 그리고 언론을 향해 소말리아 어린이들에게 더 많은 구호의 손길을 달라고 호소했다. 하지만 사람들은 몰랐다. 이 소말리아 방문이 그녀의 건강을 더욱 악화시켰다.

헵번은 소말리아를 방문하기 전부터 건강이 좋지 않았다. 그해 11월, 헵번은 대장암 말기 진단을 받았다. 오드리 헵번의 암 소식이 알려졌을 때 누군가가 물었다. "당신은 왜 자신을 희생하면서까지 아이들을 돕는 거죠?" 오드리 헵번이 대답했다. "이것은 희생이 아닙니다. 희생은 자신이 원하지 않는 것을 위해 자신이 원하는 것을 포기하는 걸 의미하기 때문입니다. 이것은 희생이 아닙니다. 오히려 내가 받은 선물입니다."

오드리 헵번은 은퇴 후 오랫동안 살았던 스위스의 집으로 돌아와 가족들과 함께 생의 마지막 시간을 보냈다. 그녀는 가족들을 불러 모았다.

"내가 좋아하는 시가 있어. 한번 들어보렴." 그녀는 유언처럼 시를 읊기 시작했다.

"아름다운 입술을 가지고 싶으면 친절한 말을 하라."

"사랑스러운 눈을 갖고 싶으면 사람들에게서 좋은 점을 봐라."

"날씬한 몸매를 갖고 싶으면 너의 음식을 배고픈 사람과 나누어라."

"아름다운 머리카락을 갖고 싶으면 하루에 한 번 어린이가 손가락으로 너의 머리를 쓰다듬게 하라."

"아름다운 자세를 갖고 싶으면 결코 너 혼자 걷고 있지 않음을 명심하라."

사람들은 상처로부터 복구되어야 하고, 낡은 것으로부터 새로워져야 하며, 병으로부터 회복돼야 하고, 무지함으로부터 교화되어야 하며, 고통으로부터 구원받고 또 구원받아야 한다.

결코, 누구도 버려서는 안 된다.

기억하라.

만약 도움의 손이 필요하다면 너의 팔 끝에 있는 손을 이용하면 된다.

네가 더 나이가 들면 손이 두 개라는 걸 발견하게 된다.

한 손은 너 자신을 돕는 손이고 다른 한 손은 다른 사람을 돕는 손이다."

크리스마스를 보내고 채 한 달도 되지 않은 1993년 1월 20일, 결국 그녀는 눈을 감았다. 향년 63세였다.

고인을 애도하며 엘리자베스 테일러는 이렇게 말했다. "하늘이 가장 아름다운 새 천사를 갖게 됐다." 티파니 보석가게는 일간지에 광고를 싣고, 전 세계의 매장에 다음과 같은 글을 붙였다. "오드리 헵번 1929~1993 우리의 영원한 친구"

유엔과 민간단체 '세계평화를 향한 비전'은 장기간 유니세프 친선대사로 활동하며 인류애를 실천한 그녀를 기리기 위해

2004년 2월에 '오드리 헵번 평화상'을 제정했다. 그녀는 한 인터뷰에서 이렇게 말했다. "하루를 그냥 살아서는 안 됩니다. 하루를 소중하게 여기며 살아야 합니다."

지속가능한 삶은 현세대와 미래세대의 균형 잡힌 삶을 추구하는 것이다. 즉 현세대가 미래세대를 배려해야 한다. 요즘 GDP 대비 가계부채비율이 100%를 넘어 세계 최고 수준에 달하고 있다. 국가부채 또한 가장 빠른 속도로 늘어나고 있다. 이 같은 기성세대의 과중한 부채는 미래세대에게는 큰 짐이자 걱정거리가 될 수 있다. 기성세대는 더 이상 부채가 늘어나지 않도록 절제된 삶을 살면서 국가 채무를 과감히 줄이는데 지혜를 모아야 한다.

본서의 목적은 장수하는 기업의 지속가능성이나 지속가능한 발전에 대한 분석을 통해 바람직한 기업의 지속가능한 발전전략을 제시하는 것이다. 개인이나 가족의 지속가능성 문제는 기업의 지속가능성을 이해하는 데 도움을 주고자 언급한 것이다.

The Survivor

지속가능성 리스크와
장수하는 기업의 특징

1 지속가능성 리스크

지속가능성의 리스크를 논할 때는 경제적 지속가능성, 환경적 지속가능성, 사회적 지속가능성의 3각 축으로 나눠 분석하는 것이 일반적이다. 그런데 사회적 지속가능성 리스크는 범위가 너무 광범위하고, 최근 국제정치 지형의 변화와 미중 패권전쟁의 영향 등이 기업의 존립과 발전에 미치는 영향이 중차대하므로 이를 별도로 고려하여 지속가능성에 미치는 영향을 분석할 필요가 있다.

(1) 경제적 지속가능성 리스크

기업의 위험은 일반적으로 미래 순현금흐름의 변동성으로 정의한다. 경제적 지속가능성은 미래 기대 현금흐름의 변동성을 최소화하면서 성장을 지속해 가는 것을 의미한다.

기업의 순현금흐름을 증대시키면서 현금흐름의 변동 가능성을 최소화하려면 시장과 고객의 변화를 제대로 읽고 고객에 대한 경쟁자와의 충성경쟁에서 이기는 경영을 해야 한다.

경제적 지속가능성 리스크인 순현금흐름의 변동성을 줄이려면 우선 제품이나 서비스의 수요를 제대로 예측하는 일에서부터 구매 의사를 반영하는 가격의 책정, 적기 배송과 사후 서비스는 물론 기술 수준, 제품의 질과 가치사슬망 관리를 잘해야 한다. 또한 제품의 원가와 고정비를 변동비로 바꾸는 노력 등 영업 위험Operating risk과 재무적 위험(부채이자로 인한 경기하강 시 레버리지 위험)을 줄이는 노력을 강구해야 한다.

사업을 함에 있어 대부분의 리스크는 현금 흐름의 변동성을 야기하는 경제적 리스크에서 초래한다.

장수하지 못하는 기업이나 경제적 지속가능성 리스크가 큰 기업들의 특징을 보면 우선 경제환경 변화를 읽지 못하고 제품 수요에 비해 과도한 생산이나 투자를 하는 경향이 있다. 이로 인해 사업장 가동률이 전반적으로 낮고 시장에 팔리지 않는 재고자산을 과다하게 보유하여 회계장부상으로는 별문제가 없어 보이는데 현금 부족과 과도한 부채로 흑자도산하는 기업들이 적지 않다. 팔리지 않는 재고자산은 무용자산이고 오히려 창고임대료 등 재고 관리비용만 유발하게 된다.

과거 건설업의 경우 불경기에 과도한 주택건설로 팔리지 않은 재고주택을 덤핑으로 매각하여 금융기관 이자만 겨우 지급하는 좀비기업들이 많았는데, 이런 기업들은 경제적 지속가능성이 매우 떨어지는 부실기업들이다.

코로나19 감염병 사태로 경제 상황이 악화되면서 제품을 팔 곳이 없어 회사 영업이익으로 금융기관 이자도 제대로 내지 못하는 한계기업들이 속출하고 있다. 2020년말 기준으로 회계기간 3년 이상 이자비용도 내지 못하는 좀비기업이 우리나라 전체 상장기업의 1/3을 상회하는 것으로 알려지고 있다.

회계적으로 이자보상비율((이자)/EBIT(이자 및 세금공제전 영업이익))이 1이하인 기업을 좀비기업이라 하는데 이는 영업이익으로 이자비용만 겨우 내고 세금과 배당금을 전혀 지급하지 못하는 기업이 그리 많다는 의미이다. 이러한 기업들은 일정한 기간이 경과하면 청산절차 등을 거쳐 회사를 정리하게 된다.

또 다른 리스크 유형의 하나는 한 부분에서 사업을 잘하던 기업이 무리한 문어발식 확장 투자로 위험에 빠져 우량 계열사마저 함께 도산하거나 다른 기업에 인수합병당하는 사례들이다. 이러한 유형의 기업은 특히 한국기업에서 많이 나타나는 현상이다.

예컨대, 금호아시아나그룹은 대우건설과 대한통운을 인수했다가 그룹 전체가 공중분해 되었다. 웅진그룹의 경우도 정수기 사업 등으로 잘 나가다가 극동건설을 인수하고 기존 정수기사업 등의 판로를 확장하려다가 건설 부문의 과도한 부채와 연대채무 등으로 그룹 전체가 공중분해 되었다.

2008년 글로벌 금융위기를 전후해 주택경기 침체로 주택건설업체들의 M&A물량이 쏟아져 나온 적이 있었다. 이 시기에 부실 건설업체들을 인수한 대기업들이 큰 어려움을 겪은 바 있다. 건설사를 인수한 그룹·대기업이나 인수를 당한 건설사들이 줄줄이 워크아웃과 법정관리를 신청하거나 재무상 어려움을 겪었다. 웅진그룹은 극동건설로 인해 법정관리를 신청했고 금호산업은 대우건설로 인해 워크아웃에 들어갔다. 동아건설을 인수한 프라임그룹도 워크아웃에 들어갔고 남광토건을 인수한 대한전선 역시 재무상 어려움을 겪었다. 진흥기업을 인수한 효성그룹, 건영을 인수한 LIG그룹은 사태가 더 심각해지기 전에 건설 부문을 정리해 위기를 모면했다. 국내기업들이 건설사 인수로 어려움에 처하는 이유는 불황기에 인수합병을 단행한 점 이외에 건설업을 영위해 본 경험이 없는 기업들이 인수합병을 하면서 많은 시행착오를 겪기 때문이기도 하다. 또 한 가지 원인은 건설업의 경우 경기변동에 따른 사업 리스크가 크고 상대적으로 진입장벽이 낮으며, 인수합병으로 시너지 효과를 거두기가 힘든 산업이기 때문이다.

2000년대 들어 한때 10대 그룹으로까지 성장했던 STX그룹의 경우도 단기간내 과도한 기업 인수합병에 의한 문어발식 확장으로 자금난을 이기지 못하고 그룹 자체가 공중분해되었다.

세계의 은행들 가운데 자산규모가 가장 큰 독일 도이치뱅크 몰락의 사례는 지속가능발전 차원에서 많은 시사점을 준다. 도이치뱅크는 방만한 투자 및 부실한 자산관리 등으로 1989년부터 투자은행으로서 신뢰를 잃는 데다가 저당채권의 공시 의무 이행 소홀 등으로 큰 어려움에 처하게 되었다. 또한 신속한 구조조정을 단행하지 못하고 중국 하이난 항공으로부터 대규모 투자를 받은 후 정치적 문제 등과도 얽히면서 몰락의 길을 걷게 되었다.

(2) 환경적 지속가능성 리스크

환경적 지속가능 경영의 경우 최고경영자의 비전과 철학이 매우 중요하다. 기업의 환경 경영 리스크는 사전에 기업 구성원이 철저히 대비하고 훈련하면 대부분의 경우 그 관리가 가능하다. 따라서 최고경영자의 비전 제시와 함께 이를 실행할 자원과 인력을 배분하고 전 과정을 철저히 관리하고 평가와 보상을 체계적으로 하는 것이 중요하다.

기업의 환경적 지속가능성Environmental Sustainability과 에코효율성Eco-Efficiency 영역에는 청정 생산과 전 과정 관리, 기후변화 대응 리스크 관리, 그리고 생물다양성 보호 영역으로 나누어 리스크를 관리할 수도 있다. 에코디자인 경영을 하는 기업 입장에서는 제품과 서비스의 기획, 설계, 디자인, 생산 전 과정, 유통 및 판매, 사후관리 전 과정에서 소비자 등 이해관계자와의 소통을 하면서 리스크를 진단하고 관리하면 좋을 것이다. 환경은 과학이다. 또한 측정 없이는 개선도 없다는 점에서 과학적 현장관리가 중요한 분야이다.

지속가능한 발전을 하려는 기업은 단순히 정부의 환경규제 수준을 준수하는 것만으로는 부족하다. 지구를 기업의 중요 이해관계자로 인식하고 지구시민으로서의 책임과 의무를 다하며 소비자들에게 친환경기업의 진정성을 보여 주는 노력을 경주해야 한다. 기업의 환경관련 지출은 투자이고 기업 경쟁력의 원천이라는 확신을 최고경영층부터 일선 실무자까지 함께 공유해야 한다.

많은 나라들이 환경을 리스크 차원의 관리를 넘어 국가경쟁력의 원천으로 인식하기 시작했다. 친환경 제품은 기업들의 차별적 경쟁 요소가 되었다. 코로나19 감염병 사태 이전에도 환경은 지역경제의 활성화와 관광산업의 매력을 높이는 힘이 되어 왔다. 선진국들은 4차 산업혁명의 초연결 시대의 융복합 기술을 활용하여 환경 관련 산업에 대한 투자와 생태환경 복원, 그리고 자연환경 보호 등에 많은 투자와 노력을 기울이고 있다.

국민의 삶의 질 향상과 보건정책 측면에서도 환경의 중요성이 크게 부각되면서 깨끗한 환경을 유지하고 보전하는 것은 모든 정책의 최우선적 고려사항이 되고 있다.

그동안 환경규제나 정책에 대해 민감하게 반응하고 부정적인 시각을 보여 왔던 국내 산업계에서도 인식의 변화가 나타나고 있다. 일찍이 미국 하버드대학의 마이클 포터Michael Porter 교수도 지적했듯이,[9] 적절한 수준의 환경규제 강화와 시장친화적인 환경정책의 시행은 산업경쟁력을 향상시키고 새로운 시장을 창출하는 데 기여할 수 있다.

일부 기업들을 중심으로 지속가능발전 차원에서 환경적 측면을 중시하여 3RReduce, Reuse, Recycle과 에코디자인 등 친환경 경영을 추진해 오고 있고, 개별 산업 차원에서도 전기요금이나 수도료 인상 등에 대응하여 에너지 절약제품 연구개발의 촉진, 신재생에너지, 물 절약을 비롯한 폐기물 재활용 등 자

---

9) Porter, M. E., and Claas van der Linde "Toward a New Conception of the Environment- Competitiveness Relationship", Journal of Economic Perspectives, 9(4): 97-118, 1995

원순환산업의 활성화에 노력을 경주하고 있다.

지난 20세기 한국 사회는 경제의 압축성장 과정에서 환경문제 해결이나 환경 관련 투자는 뒷전으로 여겨왔다. 심지어 환경규제를 경제성장의 걸림돌이고 규제이며 비용으로만 인식하였다.

그러나 21세기 들어 지구환경문제로 인류의 건강과 삶의 질이 떨어지고 미래세대의 생존마저 위협을 받게 되면서 많은 기업에서 지구시민으로서의 자각운동이 일어나고 있다.

OECD는 우리나라가 2060년경이면 미세먼지로 인해 GDP의 0.6%가 감소하고 연간 22조 원의 경제적 손실이 발생한다고 전망한다. 또한 기업들의 제품이나 환경경영에 대한 소비자와 투자가들의 관심과 우려가 일반화되면서 기업의 지속가능발전을 위한 환경 투자나 정책의 중요성도 그 어느 때보다 높아지고 있다.

하지만 우리나라는 여전히 에너지 다소비 업종인 발전, 철강, 정유, 석유화학 등 중화학공업 중심의 산업 구조를 갖고 있다. 이같은 현실에서 기업의 환경문제는 매우 민감하고 다루기 힘든 지속가능성 리스크라 할 수 있다.

영국의 민간 국제 기후정책 분석기구인 기후행동추적Climate Action Tracker, CAT는 기후분석Climate Analytics, 에코피스Ecofys, 새 기후 연구소New Climate Institute 등 3개 국제 기후변화 연구기관이 공동으로 설립한 연구기관 컨소시엄이다. 이 국제적인 민간 기구는 대한민국을 기후 악당 국가로 지목하면서, 1인당 온실가스 배출량의 가파른 증가 속도, 석탄화력발전소 수출에 대한 재정 지원, 2020년 온실가스 감축 목표 폐기 등을 그 이유로 들었다. 이런 평가를 받으면, 우리나라의 국격이 떨어지고 국제사회의 감시와 견제를 불러 외교와 경제 분야에서 불이익을 당할 가능성이 크다. 이런 현실을 타개하고 신기후체제에 대응하기 위해서는 기후변화 정책을 재정비하고 기업차원의 인식전환이 필요하다. 특히, 에너지 관련 기업과 수출입은행은 해외 석탄발전소 건립 지원이나 건설 참여 등을 전면 재검토해야 한다. 또한 국내 원자력발전소를 폐기하고 석탄화력발전소 건설을 확대하는 것도 재검토해야 한다. 기업의 지속가능발전 차원에서 화력발전소의 건설 참여로 인한 매출 증가는 일시적으로 기업의 현금 흐름을 개선하는 데 도움이 될지 몰라도 지구환경을 오염시키는 기업이라는 부정적 이미지와 환경단체 등의 소송제기 등으로 장기적으로는 기업의 성장에 부정적인 영향을 주게 된다. 기업은 사업을 함에 있어서 환경문제, 국제기구 등의 규제 움직임 등에 대해서도 민감하게 반응하고 대책을 강구해야 한다.

환경 관련 규제나 피해자 구제 제도 역시 강화되고 있어서 환경오염물질을 일정 수준 이상 배출하는 제품이나 위해 제품은 소비자에게 팔기도 어렵고 설령 판매한 경우에도 리콜이나 징벌적 배상과 소비자 집단소송에 노출되어 회사의 존립 자체가 위험에 빠질 수 있다.

환경은 미래세대의 희망이며, 국민의 삶의 질 향상은 물론 국가경쟁력의 원천이다. 기업경영의 전 과정에서 환경을 우선적으로 고려하면서 국민과 미래세대의 삶의 질 향상을 위한 환경경영에 솔선해야 한다. 또한 4차 산업혁명 시대의 융복합 기술 등을 활용하여 현장의 환경문제 해결에도 기여해야 한다.

21세기 들어 기후변화, 물 부족 및 자원고갈 심화 등으로 에너지 절약과 함께 태양광, 풍력 등 신재생에너지에 대한 관심이 커지고 있으며, 환경에 대한 소비자들의 인식과 태도도 변화하고 있다.

유엔 미래보고서 2040에 따르면, 미래사회 미래트렌드 키워드 중 하나는 기후변화Climate change와 에너지다. 이미 태양광, 풍력, 바이오연료 등 에너지 기술이 발전되면서 신재생에너지 New & Renewable Energy 산업이 크게 성장하고 있으며, 2023년 쯤에는 전기자동차가 주류를 이룰 것이다. 이러한 기술을 바탕으로 2030년에는 전 세계 인구의 절반이 에너지 생산에 참여할 것이라는 예측도 있다. 또한 해수 담수화, 스마트그리드, 리사이클링, 도시농업, 유기농업, 유전자변형식물산업, 수소에너지, 핵융합기술 등 현재 연구개발 및 미상용화 단계인 기술들도 높은 성장잠재력을 지니고 있다[10].

기후변화는 인류의 생존을 위협하기도 하지만 한편에서는 새로운 시장을 창출하기도 한다. 앞으로는 기후변화가 끼칠 영향을 심각하게 고려할 필요가 있다.

또한 친환경상품이나 에너지 절약형 제품에 대한 소비자들의 선호도가 크게 높아지고 있으며, 친환경기업에 인재가 몰

---

10) Toffel, Michael W., Kira Fabrizio, and Stephanie van Sice. "EnerNOC: DemandSMART." Harvard Business School Case 613-036, August 2012. (Revised September 2013.)

리는 현상까지 나타나고 있다. 특히 요즘 소비자들은 웰빙이나 로하스 문화에 따라 친환경제품을 선호한다. 이로 인해 사업가들이 환경친화적인 사업을 통해 돈을 벌 수 있는 기회가 많아지고 있다. 일본의 경우, 친환경적인 그린 상품의 가격이 일반 상품보다 10% 정도 높더라도 이를 구매하겠다는 소비자가 50%를 넘는다. 또한 세계 각국 정부의 그린구매(친환경상품구매)제도 도입으로 공공기관은 일정 비율(우리나라의 경우 20%) 이상의 친환경상품을 의무적으로 구매해야 한다. 소비자들도 웰빙/로하스 문화에 따라 친환경제품을 선호하고 있다.

주식투자가나 펀드 등 자본투자자들의 그린투자에 대한 관심도 높아지고 있다. 장기투자에 관심을 갖고 있는 주식투자가들의 경우, 투자자산이 환경위험 등에 노출되는 것을 최소화하고 지속가능한 투자를 위해 SRI^{Socially Responsible Investment}펀드에 대한 투자를 늘리고 있다. 미국의 경우 230여 개의 SRI 펀드(2,200조 원)가 운용된 것으로 알려져 있다. 주주가치를 최우선으로 고려해야 하는 사업가들은 친환경경영 등을 통해 자사주식이 SRI펀드의 투자대상이 되도록 노력할 수밖에 없다.

2020년 중국 전역에서 5월부터 10월 초순까지 5개월간 계속된 폭우와 물난리, 잇단 태풍 등으로 인한 농작물 피해와 산업시설의 침수는 환경적 위험이 개별 기업은 물론 국가 차원의 재앙을 넘어 인류 생존의 문제라는 인식을 갖게 하였다. 전문가들의 주장에 따르면, 바야흐로 우리 인류는 기후변화의 임계점Tipping point에 직면해 있다. 현재는 바다가 이산화탄소를 빨아들이고 기온상승을 지연시켜 준다. 하지만 일정한 임계치를 넘게 되면 완충작용을 하지 않을 수 있다는 것이다. 심지어 얼음 슬러지 형태로 바다 밑바닥에 가라앉아 있는 메탄층이 수온 상승으로 붕괴하면서 막대한 메탄가스가 풀려나오는 것을 우려하는 학자들도 있다. 그러면 지구의 온도가 5도 이상 상승하는 슈퍼 온실 시대를 맞을 수도 있다는 것이다. 그야말로 불타는 바다가 연상된다.

《기후변화로 인한 영향 및 적응》

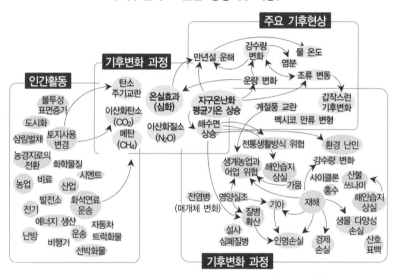

자료: 유엔 기후변화협약 2007

우리가 사는 지구의 보전 없이는 국가는 물론 시장이나 기업도 존재할 수 없다. 모든 기업은 지구시민으로서 지구환경 보전에 앞장서야 한다. 지구시민으로서의 소비자와 모든 경제 활동 참여자들은 기업의 환경리스크를 주목하며 환경문제를 심각하게 야기하는 기업의 존립 자체를 어렵게 하는 환경감시 운동을 강화하고 있다.

일본 등 선진국의 4R운동을 벤치마킹하여 기업의 제품개발, 생산, 포장, 유통, 판매 및 회수 등의 전 과정Life cycle에서 발생하는 산업용 폐기물이 거의 발생하지 않도록 유도할 필요가 있다. 또한 불가피하게 폐기물이 발생한 경우에도 재사용이나 리사이클이 가능하도록 리디자인을 활성화하고 인센티브제도와 생산자 의무제도를 강화해야 한다. 그리고 더 이상 사용할 수 없는 폐기물은 에너지자원으로 활용하여 매립을 제로화하는 정책을 적극적으로 추진할 필요가 있다.

(3) 사회적 지속가능성 리스크

기업이 경제적 리스크와 환경적 리스크를 잘 관리하면서 안정적인 현금 흐름과 주가 관리를 할 수 있다 하더라도 사회적 리스크 관리 실패로 위험에 처하거나 생존마저 위협받는 처지에 놓이는 사례가 최근 들어 많이 발생하고 있다.

사회적 지속가능성은 "시장 없이는 기업도 없다."는 슬로건에서 그 중요성을 찾을 수 있다. 아무리 기업이 발전하고 성장한다 하더라도 빈부의 격차가 커져 시장의 파이가 줄어들게 되면 기업의 성장도 한계에 직면하게 되는 것이다. 또한 사회적 갈등과 노사간 갈등이 심한 사회에서는 기업의 지속가능한 성장도 기대할 수 없는 것이다.

사회적 지속가능성 리스크 관리는 사회적 지속가능성Social Sustainability과 사회적 책임Social Responsibility을 포괄하는 개념이며, 지역사회 경제 기여, 기업 투명성, 공정경쟁, 혁신 등이 관리의 대상이다.

현재 우리 사회에서 문제가 되고 있는 남녀 갈등(남혐, 여혐 등), 계층 갈등, 지역 갈등, 난민 문제, 이념 갈등, 빈부격차의 심화 등으로 공동체의 연대의식이 약화되고 있으며, 도시화로 인한 인구밀집이나 주택문제, 교통문제와 고령화 문제 등도 사회적 지속가능성에 영향을 주는 위험요인들이다.

이 밖에 기업인 등 지도층에 대한 불신, 조직 내 권위주의와 완장 문화로 인한 기업 이미지 손상 및 경영권 상실 우려 등도 사회적 지속가능성 관점에서 심도 있게 다루어야 할 문제들이다. 이하에서는 몇 가지 주요 이슈와 관련한 기업의 리스크 및 대응사례를 소개하고자 한다.

다국적 기업의 개도국 노동력 착취 사례

1990년대 다국적 기업인 나이키가 개도국의 어린이 고용 등 사회적 덤핑Social dumping으로 인권 착취를 해왔다는 국제 인권단체 등의 비난과 불매운동으로 주가가 반토막나는 등 심각한 위기에 직면한 적이 있었다. 개도국 근로자들에게는 시간당 1달러 이하의 낮은 급여를 지급하면서 세계적인 운동선수들에게는 1초당 몇만 불씩 광고료를 지급하느냐는 것이다. 세계 인권단체나 인권운동가들에게는 나이키가 부도덕한 기업으로 인식되었던 것이다. 지난날 다국적기업으로서의 나이키 명성은 하루아침에 무너지고 결국 개도국 근로자들에 대한 비인간적인 차별대우를 하는 악덕기업으로 치부되어 심각한 위기에 빠져들게 된 것이다.

기업의 이해관계자는 다양하다. 주주는 물론 근로자, 협력사, 지역사회, 정부와 지방자치단체, 세무당국, 언론기관, 종교단체, 경제단체, 교육기관, 인권단체. 봉사단체 등 다양하다. 이들과의 관계 관리를 제대로 하지 못하면 기업은 크고 작은 위험에 빠지거나 명성도 하락에 따른 브랜드 가치 하락에 노출되게 된다.

기업의 인권의식 소홀 사례

인권문제 등 사회적 리스크가 지속가능발전에 얼마나 중요한지를 보여 주는 사례 중 하나이다. 월트 디즈니 사가 제작한 영화 「뮬란Mulan」의 엔딩 크레디트Ending Credit에 "공안국에 감사한다"는 말을 넣음에 따라, "인권을 탄압하는 신장에서 촬영한 것은 범죄 공모"라는 비난과 함께 "보이콧 뮬란" 운동이 확산되어 디즈니의 명성에 큰 타격을 주었다. 중국 위구르 투루판지역에서 현지 촬영 협조를 받고 감사를 표하는 것은 예전 같으면 별일이 아닐 수 있었다. 하지만 미중간 패권전쟁이 벌어지고 있고 중국공산당이 홍콩 보안법을 제정하고 홍콩의 인권을 탄압하면서 서방국가들의 원성을 사고 있는 와중에 또다른 소수민족 인권탄압지역으로 의심받는 위구르 자치구 정부에 감사를 표한 것이 영화 보이콧 운동을 초래한 것이다. 인권탄압 문제가 생길 수 있는 기관이나 기업 등과의 거래나 협력 관계를 갖는 것은 기업의 지속가능발전 차원에서 매우 신중하게 다뤄야 할 일이다.

월트 디즈니사 입장에서는 「뮬란」이 이미 만화나 영화로 제작한 적이 있던 것이라서 큰 문제의식을 갖고 있지 않았을 수 있다. 하지만 미국 회사가 미중 패권전쟁 중인 적대 국가에서 영화를 촬영하고 현지 상영해야 하는지는 지속가능성 관점에서 사전에 검토했어야 했다. 기업은 어떤 상황에서든 인권이나 언론의 자유 등에 대해서는 늘 관심을 갖고 지켜 보면서 자사나 협력관계사 등에 어떠한 영향을 미칠지 모니터링하며 관리해야 한다.

영화 「뮬란」 보이콧 확산시킨 엔딩 크레디트 사건

월트 디즈니가 영화로 제작한 「뮬란」이 2020년 중국에서 개봉될 때 큰 논란이 일었다. 촬영에 협조해 준 게 고맙다면서 영화 엔딩 크레디트에 신장 위구르 자치구 내 투루판 공안국에 대해 공개적으로 감사를 표한 것이 문제가 된 것이다. 디즈니의 스트리밍 서비스인 '디즈니 플러스'를 통해 영화가 공개된 미국에선 "보이콧 뮬란" 운동에 더해 디즈니 자체를 비난하는 목소리가 크게 일었다.

신장 위구르는 몇 년 사이에 약 200만명의 위구르인들이 교화소에 강제 구금된 것으로 추정되는 등 중국 본토 인권탄압의 1번지로 꼽힌다. 투루판은 신장 자치구의 수도 우루무치의 동남쪽에 위치한 교통 요충지다. 「뮬란」이 이곳에서 얼마나 촬영됐는지는 알려지지 않았지만 2017년 감독 니키 카로가 우루무치에서 장소 헌팅 중이라고 소셜미디어에 올리는 등 신장 지역 촬영 자체는 비밀이 아니었다. 하지만 디즈니가 공안국과의 협업을 '공개적인 감사'로 드러내자 디즈니의 친중국 행보를 비판하는 반중(反中) 목소리들이 폭발했다.

2020년 9월 8일 워싱턴포스트(WP)에 「뮬란은 왜 스캔들인가」를 기고한 아시아소사이어티 선임연구원 아이작 스톤 피시는 다른 많은 곳을 놔두고 뮬란을 신장 자치구에서 촬영함으로써 "디즈니가 (중국의) 반인륜적 범죄를 정당화하는 것을 돕고 있다"고 비판했다. 피시는 인종차별 논란으로 비판받은 1946년 영화 「남부의 노래」 이후로 "「뮬란」이 디즈니의 최대

문제작"이라며 신장 지역 촬영을 위해 디즈니가 부끄러운 타협을 했다고 지적했다.

[출처: 중앙일보] "위구르 공안 감사" 영화 뮬란 보이콧 확산시킨
엔딩 크레딧(2020년 9월 11일), CNN뉴스(2020년 9월 9일) 등

또한 기업이 사회적 약자들의 목소리를 대변하는 일Voice for Voiceless에 적극적으로 나설 필요가 있다. 특히 4차 산업혁명 시대 초연결사회의 파급효과가 어떻게 취약계층에 영향을 미칠지 모른다. 남녀노소는 물론 지역이나 문화 차이에 따라서도 어떤 식으로 다르게 영향을 미칠지 모른다. 어느 경우든 우리 사회 공동의 목적의식이나 인간 존엄과 인간 사이의 유대를 강화할 수 있는 방향으로 발전을 이끌어야 한다.

제4차 산업혁명 시대라는 신조어를 만들어낸 클라우스 슈밥(WEF회장)은 우리 모두가 정치적일 것을 요구한다. 과학기술이 만들어 낼 미래를 직접 경험할 사람은 바로 개인들이기 때문이다. 미래에 대한 꿈을 그릴 때 우리는 기술이 어떻게 발달하고 활용되는지에 대해 자신의 입장을 결정하고 목소리를 냄으로써 정치적으로 참여할 수 있다고 주장한다. 정책의 입안이나 의사결정 및 집행하는 과정에서 자신의 목소리를 낼 수 없는 사회적 약자Voiceless들의 목소리를 경청하는 일도 게을리해서는 안 된다.

기술은 소수의 개발자 이익을 대변할 뿐이고, 기술자들은 기술과 관련 있는 사회적 특성이나 그 영향력 전체를 짐작할 수 없기 때문에 기술이 개인의 삶과 공동체에 어떤 영향을 미치는지 공유하는 것이 중요하다. 이를 통해 4차 산업혁명 기술들이

가치 있게 사용될 수 있으며, 기업이나 정부는 우려스러운 부분을 알 수 있게 된다. 나아가 4차 산업혁명 기술의 소외계층이나 새로운 빈곤층에 대한 배려도 한층 강화할 수 있을 것이다.

〈지역사회 리스크 대응 사례〉

1990년대 대만 기업들이 중국에 진출하면서 현지 공장 주변 지역사회와의 갈등이 심하여 현지 적응에 많은 애로를 겪었으며, 갈등 관리 실패로 대만으로 회귀한 기업들이 적지 않았다고 한다. 이러한 지역사회와의 갈등을 줄이기 위해 대만 지속가능발전 기업협의회는 선진국 기업의 해외 진출 사례 분석 등을 통해 대만 기업의 중국 현지 적응을 돕게 되었다. 기업들은 이익의 일정 부분을 지역사회 발전에 기부하는 것은 물론 임직원들이 직접 나서서 지역사회 봉사활동도 전개하였다.

임직원 가족들을 회사에 초청해 접대하면서 회사를 소개하기도 하고 지역사회 발전을 위해 노력하고 있음을 적극 알렸다. 대만 기업들은 장기간의 노력으로 중국 현지인들 속에 자리 잡게 되었고 이후 안정적인 경영활동을 할 수 있게 되었다.

요즘 디커플링 등으로 중국에서 빠져나오는 다국적 기업들이 많아져 현지인과 중국 정부의 불만을 사는 기업들이 늘고 있는 가운데 삼성전자의 경우 공장문을 닫으면서도 중국 현지인들로부터 호평을 받고 있다. 이는 회사를 떠나는 근로자들에 대한 삼성전자의 철저한 보상과 배려 덕분이다.

중국기업들은 자국 근로자들을 해고하고 싶을 때 한 푼이라도 인건비와 퇴직금을 적게 지급하려고 인격적인 모독은 물론 정나미 떨어지는 언사를 거리낌 없이 행한다. 이에 반해 삼성전자는 퇴직금은 물론 위로금, 재취업준비 지원 등 가족적인 배려를 해 준다. 이로 인해 회사를 떠나는 직원이나 그들의 가족은 물론 지역사회가 감동하여 삼성전자가 다시 되돌아와 주기를 기대하며 아쉬워한다. 위로금 지급이나 각종 보상금 지급으로 단기적으로는 기업의 경제적 부담이 크겠지만 중장기적으로는 삼성전자에 대한 좋은 이미지를 중국인들에게 심어 주는 것이라서 기업의 지속가능발전에 크게 기여하는 것이다.

성평등 및 성소수자에 대한 법적인 보호 등으로 인한 기업의 명성 리스크와 이로 인한 불매운동, 그리고 오너 가의 경영일선 퇴진 등 기업의 생존을 위태롭게 하는 사례들도 크게 늘고 있다.

DH그룹 K회장의 경우 미투운동이 한창이던 시기에 자신의 여비서와 가사도우미 성추행 사건으로 경영 일선에서 불명예퇴진하고 해외로 도피하였다가 회장직에서 물러났다. 이 사례는 한국의 경제계에 큰 충격을 주었다. 기업의 중간 간부가 여직원 성추행에 연루되어 그룹 전체 이미지를 실추시키고 기업의 현금 흐름을 악화시켰던 한샘그룹 사건도 기업 내 성의식 수준과 사고 발생 시 처리 절차나 투명성 등이 기업의 지속가능한 발전을 얼마나 위태롭게 하는지 잘 보여주고 있다.

DH그룹 K회장의 성추행 사건의 파급영향

전 DH그룹 K회장의 성추행 사건은 20대 여성 A씨가 언론 매체를 찾아가 사연을 털어놓으면서 세상에 알려지기 시작하였다. A씨는 K회장에게 2017년 2월부터 7월까지 약 6개월간 지속적인 성추행을 당했다고 주장하며 성추행 정황을 담고 있는 자료들(동영상, 녹음 파일, 메모, SNS 기록 등)을 증거자료로 제시했다. A씨에 따르면 성추행은 회장 집무실, 회장 전용 휴게실, VIP용 엘리베이터 등 CCTV가 설치되지 않은 장소에서 이루어졌다. 당시 해외에 체류 중이던 K회장에 대해서는 체포영장이 발부되었으며, 입국 즉시 경찰 조사에 임할 것을 요구하였지만 K회장은 지병 치료를 이유로 3차례나 조사를 거부하였다. 또한 DH그룹 측은 성추행 사실을 부인하였고, A씨가 금전적 요구를 해왔다고 주장하였다. K회장은 9월 여비서 성추행 혐의로 피소되자 회장직에서 물러났다. 하지만 그다음 해인 2018년 1월에 가사도우미를 성폭행한 혐의로 추가 고소를 당했다. 가사도우미 B씨는 2016~2017년 경기 남양주시 K회장의 별장에서 일하면서 수차례 성폭행을 당했다고 주장했다. 이번 성폭행 사건에 대해서도 K회장은 전혀 사실이 아니라며 합의하에 이뤄진 관계라는 취지의 주장을 했다. 경찰은 외교부와 공조해 K회장 여권을 무효화하고, 인터폴에 적색 수사를 요청하기도 했다. 피해자 측에 의하면 K회장은 수사 요청에 임하지 않는 기간 동안에도 피해자에게 합의를 요구했다고 한다. K회장의 미국 체류로 인해 수사가 원활히 이루어지지 않아 경찰은 2018년 5월 비서 성추행 건과 가사도우미 성폭행 건 모두를 기소 중지 의견으로 검찰에 송치했다. 이에 피해자 측은 국민청원 게시판을 통해 고통을 호소하였다. 2019년 10월 22일 K회장은 귀국하여 체포돼 조사를 받았다. 1심 재판 과정에서 드러난 그의 범죄행위는 20대 비서 성추행 29차례, 가사도우미 성폭행과 성추행 13차례이다. 2020년 4월 17일 피감독자간음 및 강제추행 등의 혐의로 기소된 K회장은 1심에서는 징역 2년 6개월의 실형을 선고받았지만, 피해자의 합의와 75세라는 나이를 이유로 집행유예 4년으로 풀려났다.

㈜한샘 사내 성추문 사건의 파급영향

2017년 국내 대규모 가구 회사인 ㈜한샘에서 반년 사이 연달아 세 건의 성폭력 사건이 벌어졌다. 해당 사건은 2017년 10월 29일 피해자 A씨가 '네이트 판'에 자신의 피해 사실을 호소하는 글을 올리면서 세상에 알려지게 되었다. 2016년 12월 대학 산학협력을 통해 인테리어 회사 한샘의 신입 직원으로 입사한 20대 여성 A씨는 2017년 1월 13일 직장 선배이자 신입교육 담당자였던 B씨에게 성폭행을 당했다고 주장했다. B씨가 팀 회식을 마치고 돌아가려던 A씨를 따로 불러내 술을 마신 뒤, 인근 모텔에 데려가 성폭행을 했다는 것이다. B씨는 A씨의 주장에 맞서 사건 당일 2번의 성관계를 가진 것은 사실이지만 상호합의하에 이루어졌고, A씨도 적극적으로 관계에 임했다고 주장했다. 두 사람 주장의 차이는 서로에게 가진 '호감'이라는 감정의 차이로부터 발생하였다. 2016년 신입 동기들이 모인 술자리에서 A씨의 용변 장면을 그녀의 남자 동기가 촬영하는 몰카 사건이 발생했다. 당시 A씨는 그 남자 동기를 고소하고 경찰 조사를 받게 했다. 조사를 받는 과정에서 가해 남자 동기의 위협을 피하기 위해 직장 선배인 B씨의 도움을 받게 된다. 이런 이유로 A씨는 B씨에게 인간적인 호감을 가지게 되고, B씨 또한 신입 사원 교육을 하는 시간 동안

A씨에게 호감을 가지게 된다. 하지만 두 사람의 '호감'에는 차이가 있었던 것이다. A씨와 B씨의 주장에 따라 조사를 해본 결과, A씨가 B씨에게 호감을 가진 것은 납득할 수 있으나 A씨의 진술에 일관성과 신빙성이 있었기 때문에 B씨는 해고를 당하게 된다. 그런데 1월 26일 B씨가 재심 청구를 하면서 개최된 2차 인사위원회에서 해고 조치가 철회되고 정직 3개월과 지방 발령 조치가 내려졌다. 그리고 A씨에 대해서도 허위 보고라는 사유로 징계 조치가 내려졌다. A씨는 고소를 철회했고, 합의하의 성관계였다는 자필의 진술서를 제출했다는 이유였다. 이 과정에서 세 번째 성폭력 사건이 수면 위로 드러난다. A씨 사건의 인사위원회 조치에 관여했던 인사팀장이 A씨에게 진술 번복을 강압적으로 요구하고, 성폭행을 저지르려다 미수에 그쳤다는 사실이 발각된 것이다. 인사팀장은 A씨에게 B씨가 징역을 살게 되면 회사 측이 피곤해진다며 A씨에게 진술을 번복하지 않으면 해고를 하겠다는 식의 협박을 한 것으로 전해졌다. 이후에는 A씨에게 지속적으로 성적인 농담을 던지고 함께 출장을 간 뒤 추행하려고까지 했다. 그런데 도리어 인사팀장은 A씨에게 풍기문란으로 6개월간 10% 감봉이라는 징계를 내렸다. 이에 A씨는 법무팀에 피해 사실을 알리면서 한샘 측은 4월19일자로 인사팀장을 해고했다. 해당 사건 이후 한샘 측은 A씨와 A씨 가족에게 사과 의사를 밝히고 불합리한 사내 문화를 개선하겠다는 의지와 계획을 밝혔다. 그럼에도 불구하고 소비자들은 한샘을 성폭력 업체라 칭하며 불매운동하기 시작했다. 가구 업계 부동의 1위였던 한샘은 사내 성폭력 사건으로 인해 큰 타격을 받게 되었다.

(4) 대내외 기업환경과 지속가능발전을 저해하는 리스크

기업의 지속가능성을 저해하는 요인들을 일반적으로 경제적 요인, 환경적 요인과 사회적 요인으로 나누어 설명하고 있다. 하지만 기업을 둘러싸고 있는 여러 가지 경영환경적 측면은 이들 세 영역으로 설명하기가 어렵거나 상호 연관되어 있어서 또다른 관점에서 지속가능성과 관련한 리스크를 바라보는 것이 기업의 대응전략 수립에 도움이 될 수 있다. 특히 대내외 기업환경과 국제정치사회적 영역은 3대축의 하나인 사회적 지속가능성 리스크 영역에서 다루기에는 광범위하고 전문적인 판단이 요구되기 때문이다.

《영역별 지속가능성 리스크 예시》

구 분	지속가능성 위협 요인	기업의 지속가능발전 대책
정치 (P)	ㅇ 잦은 정권교체, 정치세력간 갈등과 대립 등으로 특정 정치세력이나 정당 지지시 기업의 안정성과 존립 기반이 취약해질 수 있음. – 정치적 후진국이나 사회주의 국가에서 사업 활동시 기업의 정치적 편향성은 기업의 존폐와 직결되는 경우가 많음(예: 미얀마 내 특정국 기업들). 제5공화국 시절 국제상사, 김대중대통령 시절 대우그룹 해체, 최근의 한진해운 해체 등	ㅇ 기업 및 기업 구성원의 정치적 중립자세 견지 중요 ㅇ정치자금 제공, 공직자에 대한 금품제공이나 정부정책 등에 대한 의견 제시는 경제단체 등을 통해서 간접적으로 참여하는 것이 바람직함.

경제 (E)	○원자재, 인력, 자본, 토지, 기계, 기술(및 품질) 등 요소시장의 수급, 가격의 변동에 따른 기대 현금 흐름의 불확실성 ○가치사슬망, 경쟁구조, 진입장벽. 소비자 행태 등에 따른 기대 현금 흐름의 불확실성 ○ 외환 및 금리−통화정책, 경기변동 과 재정정책 등 거시 경제정책변수에 따른 기대 현금 흐름의 변동성 ○ 미중 패권전쟁과 코로나 사태 등 대내외 경제여건 변화에 따른 기대 현금 흐름의 변동성 확대	○ 경제적 리스크는 분산투자, 계약방식 변경과 보험, 선물계약과 파생금융상품 등을 통해 상당 부문의 변동성을 줄일 수 있음. ○ 부채 등 재무리스크나 고정투자 리스크 등은 자본구성과 아웃소싱전략 등을 통해 위험관리 가능함
사회 (S)	○ 남녀 갈등(남혐, 여혐 등), 계층 갈등, 지역 갈등, 인종 갈등 이념 갈등(인권탄압국가 내 저임금 고용 등)의 심화로 공동체의 연대의식 약화 및 기업환경 악화 ○ 도시화로 인한 인구 밀집, 인구 고령화, 주택가격 급등 등으로 인한 기업의 복지비용 증가 및 인재의 유출 우려 ○ 기업인 등 지도층에 대한 불신과 조직 내 권위주의와 갑질 문화로 기업 이미지 손상 및 경영기반 약화 우려	○ 체계적인 갈등 관리 시스템 구축 및 상시 관리 필요 ○ 인권 존중, 노동권 보장 등으로 기업의 명성 리스크 최소화 ○ 양극화 해소를 통한 사회 공동체 복원 노력 강화 (기업의 근로자용 장기 임대주택 공급지원 정책 추진 필요) ○ 경영자 및 관리자의 민주적 리더십 역량 강화

기술 (T)	o 정보통신과 4차 산업혁명 기술의 급진전으로 일자리 대체 및 감소 심화와 이로 인한 갈등 증가 o 융복합기술의 발달로 기존의 산업간 경계가 허물어지고 있으나 기존의 제도와 규제는 개별 산업 단위로 규율하고 있어 새로운 산업의 출현이나 투자 기회 상실 우려 o 경쟁국 정부나 기업 들의 기술 탈취 및 지적재산권 침해 등으로 인한 기업 가치의 하락 및 기업 존망 문제 야기 (예: 캐나다 통신장비업체가 기술유출로 기업가치 하락한 후 중국 하웨이에 헐값 매각된 사례 등)	o 급변하는 융복합 기술 트렌드에 맞추어 정부의 제도와 규제는 물론 공무원들의 업무추진 방식의 혁신 필요 - 국가 및 기업차원의 기술 및 영업 비밀, 지적 재산권 보호 징책 강화
법 (L)	o 노동관계법, 상법, 공정거래법, 환경관련법, 토지관련법, 건축관련법, 외한 및 무역관련법, 산업 및 금융관련법 등 개정 등으로 기업활동 위축 및 기업의 존폐 문제 야기	o 사업 추진 전 과정에 법규위반 여부 등을 법률 전문조직 등을 통해 상시적으로 검토 필요 o 국내외 입법 동향을 파악하여 선제적으로 기업 경영에 반영하는 노력 필요
환경 (E) (소방, 안전)	o 중국발 미세먼지 문제 상존 o 폐 플라스틱, 수질, 음식물 쓰레기 처리 문제 등의 잠재적 불안 요인 상존 o 기후변화 등 환경문제에 대한 국민적 관심과 민감도 증대에 부응하는 과학적 환경관리 필요성 증대 o 안전, 소방 및 위생관련 사고의 빈발로 국민적 불안과 불신 증대	o 국내외 환경정책 및 NGO 운동 등의 움직임에 선제적 대응(한국 조선업계의 친환경적 LNG선 건조역량 함양으로 글로벌 경제위기 극복) o 기업이 지구시민이라는 인식 하에 지구환경보호 등에 솔선하는 기업문화 정착 - 전사적 에코디자인경영 및 4R운동 전개 등

출처: 『우리의 미래 환경이 답이다』(이병욱 공제), 『사업의 길』(이병욱 저) 등에서 인용

국제정치문제도 기업의 지속가능성에 중대한 영향을 미친다. 특히 미국과 중국간 무역마찰과 기술전쟁에 이어 심화되고 있는 미중간 패권전쟁은 중국에 대부분의 생산기지를 두었던 다국적 기업들을 위태롭게 만들고 있다. 사드(THAAD·고고도미사일방어체계) 배치문제로 중국에서 강제로 사업장 등을 폐쇄당한 경험이 있던 국내 대기업들은 탈중국화를 서둘러 추진하여 코로나19 사태 이후 가속화되고 있는 디커플링Decoupling으로 인한 피해를 상당 부분 줄일 수 있었다. 하지만 애플 등 수많은 다국적 기업들은 미중 패권전쟁으로 글로벌 공급망이 붕괴되면서 지역이나 국가 간 분산투자를 통한 위험회피가 불가피해 지고 있지만 탈중국화에 많은 애로를 겪었다. 중국 정부가 사드 보복으로 한국 기업들을 무차별 공격할 때 삼성전자처럼 탈중국화를 추진하지 못한 것에 대해 후회하며 자성론을 제기했던 것으로 알려지고 있다.

중국의 사드보복조치와 한국기업의 지속가능성에 미치는 영향

2016년 7월 한국의 사드(THAAD·고고도미사일방어체계) 배치 결정 이후 중국이 한국 단체관광 제한, 한국의 대중문화 금지 조치 등을 잇달아 시행하였다. 2016년 7월 8일 당시 박근혜 정부는 주한미군 사드 배치를 결정·발표했고, 이에 강력히 반발한 중국은 우리나라의 문화와 여행, 유통업계 등에 대한 보복 조치를 단행하였다. 특히 중국의 조치는 문화에서 경제 영역으로 확산하면서 기업들의 피해와 관련 업계의 사업 부진으로 이어졌다.

한국과 미국은 2016년 7월 8일 북한의 핵과 미사일 위협에 대응해 미국의 고고도 미사일방어체계를 주한미군에 배치하기로 최종 결정한 데 이어 7월 13일에는 경북 성주군을 사드 배치 지역으로 결정했다. 한미 간 사드 배치가 공식 확정되자 중국은 "한국과 미국이 중국을 포함한 관련 국가들의 반대 입장을 고려하지 않고 사드의 한반도 배치를 선포했다."며 반대성명을 발표했다. 중국 외교부는 김장수 주중 한국 대사와 맥스 보커스 주중 미국 대사를 불러 사드 배치 결정에 강력 항의했다.

한국과 미국의 사드 배치 결정 이후 한국과 중국의 관계는 급속도로 악화되었다. 거의 전 분야에서 교류가 중단되었다. 특히 중국 정부의 한류 제한령(한한령)에 따른 K팝 공연의 연이은 취소와 한국 방송프로그램 방영 중단, 중국 단체 관광객 방한 금지 조치 등으로 유통과 문화·관광–여행업계가 직격탄을 맞았다. 한한령은 중국이 우리나라의 드라마와 영화, 예능과 같은 콘텐츠 수출 및 연예인의 중국 프로그램 출연 금지 조치 등을 행한 것을 의미한다.

이같은 중국 정부의 사드 보복 조치로 중국에 진출한 한국 기업들은 전방위 압박과 불매운동 등으로 큰 타격을 받았다. 특히 경북 성주 사드 배치 부지를 제공한 롯데그룹의 경우 전계열사 사업장에 대한 세무조사를 받기도 했다. 이와 같은 조치로 실적 부진이 거듭된 롯데는 2018년 중국 내 롯데마트 매장을 모두 매각한 데 이어 2019년 3월에는 중국 내 식품제조업에서도 철수한 바 있다. 이를 지켜본 삼성전자는 거의 모든 중국 사업장을 베트남과 인도 등으로 이전하는 등의 선제적 조치로 미중 패권전쟁으로 야기되고 있는 중국발 부품 조달 차질과 사업중단 사태에서 벗어날 수 있었다.

자료: 조선일보, 한겨레 등 주요 국내신문 등에서 발췌

미중 간 무역마찰을 불러온 보고서Death of America by China에 따르면 미국 입장에서 중국이 개선해야 할 사항들은 장기간의 치유 과정이 필요한 이슈들이었다. 예컨대 (1) 인권 문제 환경 파괴 문제 불량식품 등 문제 (2) 중국이 미국의 핵심 기술을 탈취하는 문제 (3) 해킹, 인력 빼가기, 지적 재산권 무시한 기술 탈취 (4) 중국의 기술 복제 (5) 값싼 임금을 통해 가성비가 좋은 물건 제조 (6) 정부가 환율을 조작하여 미국에 대규모 수출 (7) 미국 5000억 달러 적자 중 3000억 달러의 대중 적자 (8) 중국은 이렇게 번 돈으로 군비를 확장하고 이를 통해 미국을 죽이려 한다는 것이다.

상기 이슈들은 기업 입장에서는 생존을 위협하는 문제들이다. 2000년 들어 한국 기업들은 중국 기업들의 기술 탈취나 불법 복제품 생산 등으로 많은 경제적 피해를 입었으며, 이로 인해 파산한 기업들도 적지 않다. 미중 간의 무역마찰과 패권전쟁을 보면 과거 1990년대 미국과 일본의 플라자합의를 연상케 한다.

1985년 플라자합의를 통해 엔화 가치가 2배 이상 높아지자 경기침체를 우려한 일본 정부는 정책금리를 5%에서 2.5%로 낮추었다. 저금리로 엔화를 마음껏 빌릴 수 있게 되자 국내외에서 부동산 매입 열풍이 불었다. 1990년 도쿄의 집값은 5년 만에 2.4배가 되었다. 그러나 5년 후 집값은 30% 정도 떨어졌고 10년 후에는 반토막이 났다. 기업과 산업계도 심각한 타격을 입기는 마찬가지이다. 80년대 잘나가던 일본의 반도체 산업이 무너지게 되었으며, 조선과 자동차 산업은 경쟁력을 잃기 시작해 오늘날 존재감도 없이 사그라들고 있다.

일본의 잃어버린 20년을 몰고 온 플라자합의와 같은 미중 간 합의가 이루어 질 기능성은 거의 없어 보인다. 미중 간 패권전쟁은 장기간 지속될 가능성이 높다. 패권전쟁이므로 둘 중 한 나라는 회복 불능의 상태로 떨어질 수밖에 없다. 이 과정에서 중국 무역의존도가 25%에 달했던 한국 경제와 기업들은 큰 시련을 겪게 될 것이다. 국가와 기업의 지속가능발전 차원에서 세계시장 전략을 다시 짜야 하고 공급가치 사슬망 붕괴에 따른 리스크를 줄이기 위한 노력을 배가해야 한다. 미국이나 일본처럼 디커플링 정책을 강화하고 코로나 팬더믹 이후 나타나고 있는 비대면경제 시대에 대비한 사업전략을 재수립해야 한다. 이같이 국제정치나 외교 문제 등이 기업의 지속가능성을 위협하는 큰 요인으로 부각된 현실을 반영하여 기업의 지속가능발전 정책을 수립해야 한다.

우리나라는 중국이나 일본과 인접해 있는 지리적 특성으로 인한 국가적 리스크와 기업의 리스크를 동시에 고려해야 한다.

열강의 틈에 낀 우리나라 기업들은 독일 비스마르크가 후손들에게 일깨워 주었던 '지리 감각'과 '역사 감각'을 지속가능성 관점에서 유념해야 한다. 아랫글은 이와 관련된 신문 칼럼을 인용한 것이다.

1871년 독일을 통일했던 비스마르크는 후대(後代)에 두 가지 생존의 지혜를 물려주었다. 하나는 서쪽 프랑스, 동쪽 러시아와 이룬 국경이 산맥이나 바다처럼 든든한 울타리가 아니라는 사실을 잊지 말라는 당부다. 양쪽을 적으로 삼거나 양쪽과 동시에 전쟁을 벌이는 것은 '국가의 자살'과 같다고 했다. 다른 하나는 내부가 분열됐을 땐 어김없이 외세(外勢)가 개입했다는 교훈을 명심하라는 것이다. 비스마르크가 남긴 '지리 감각'과 '역사 감각'은 곧 잊혀졌고, 독일은 두 차례 세계대전에서 양면(兩面) 전쟁을 벌이다 패배했다.

대한민국은 인천과 중국 산둥반도 간 거리(350㎞)는 서울~부산(325㎞)과 같다. 중국은 산둥반도를 중심으로 자국 동해안에 36기의 원전(原電)을 운용하고 20기의 원전을 새로 짓고 있다. 2030년 무렵 중국 원전은 110기에 달할 것으로 추산된다. 1976년 중국 탕산(唐山)에서 규모 7.8의 지진으로 24만여 명이 사망했다. 탕산과 원전 밀집 지대는 지척(咫尺) 간이다. 산둥반도 원전 사고 낙진(落塵)은 편서풍(偏西風)을 타고 하루 안에 한반도에 도달한다.

서울~베이징은 952㎞다. 서울~워싱턴 1만1157㎞, 서울~도쿄 1155㎞다. 한국 GDP는 1조7000억달러, 미국 20조5000억달러, 중국 14조1000억달러, 일본 5조2000억달러다. 한국은 중국 경제성장의 혜택을 누렸지만 2017년 사드 배치 파동 때 중국의 민낯을 보았다. "가엾은 멕시코, 하느님에게선 너무 멀고 미국과는 너무 가깝구나." 20세기 초 멕시코 대통령의 탄식이다. '멕시코'를 '한국'으로 '미국'을 '중국'으로 갈아끼워보면 미래 한국이 보인다.[11]

기업들은 이웃 국가들이 우리나라와 기업들의 지속가능성에 어떠한 영향을 미칠지를 염두에 두고 지역적 분산투자 전략을 구사해야 한다.

---

11) 출처 : http://news.chosun.com/site/data/html_dir/2018/11/23/2018112303829.html.

② 장수하는 기업의 특징

장수하는 기업의 모델로 삼을 만한 사례로는 일본의 장수 기업들을 주목할 만하다. 세계 최장수 기업(에노키안 협회 기준)은 일본의 HOSHI 기업이다. 동 사는 1,300세로 718년에 설립되었다. 에노키안 협회 소속 200년 이상된 기업의 평균 나이는 318세이다. 업력 200년 이상 장수 기업을 많이 보유한 국가 현황을 보면 47개 기업 중 프랑스가 14개, 이탈리아가 12개로 전체의 50% 이상을 차지하고 있다. 그 뒤로 일본 8개, 독일 4개, 스위스 3개, 네덜란드 2개, 벨기에 2개 순이다.

업력별 분포를 보면 700년대에 설립된 기업은 1개가 있고, 1500년대에 설립된 기업이 1개, 1600년대에 설립된 기업이 17개, 1700년대에 설립된 기업이 22개에 달한다.

장수 기업은 아니지만 지속가능발전에 관심을 갖고 투자하는 기업들 또한 증가하고 있다. 한 예로 세계 지속가능발전기업협의회(WBCSD)와 각 나라의 지속가능발전 기업 협의회에 가입하여 활동하는 기업들이 있다. 2000년 말 현재 WBCSD와 KBCSD에 회원으로 가입하여 활동하고 있는 회원사 수는 각각 200여 개와 60여 개에 달한다.

UN은 책임투자 원칙에 의거하여 ESG 요소를 고려한 사회책임투자를 장려하고 있다. 미국의 애플, 구글, 월마트 등은 이미 RE100 가입 기업이고, 현재까지 여기에 가입한 기업의 수는 250여 개 회사에 달한다. RE100은 Renewable Energy

의 약자로, 2050년 이전에 필요한 전력 100%를 태양광, 풍력 등 재생에너지로만 충당하겠다는 기업들의 자발적 약속이다. 최근 국내 기업 SK의 최태원 회장도 'ESG'를 경영활동의 새로운 핵심축으로 삼겠다고 발표한 바 있다.

이러한 사회 변화에 맞춰 최근 들어 ESG 투자[12]가 주목받고 있다. 이는 주로 사회에 부정적인 영향을 미치는 것으로 간주되는 자산 및 업종을 기피하거나 배제하는 방식으로 접근했으나, 최근에는 투자자가 직접 관여하여 긍정적인 변화를 이끌어내는 현대적인 (주주)행동주의로 확장되었다. 개인들의 ESG 투자에 대한 관심은 개인이 간편하게 투자할 수 있는 ESG ETF의 인기로 이어졌다.

ESG 투자의 중요성을 보여주는 대표적인 예가 폭스바겐이다. 폭스바겐은 1070만 대 디젤차에 대해 배기가스를 시험 인증 단계에서만 기준을 충족시킨 채 통과한 후 실제 운행 때는 더 많은 매연을 배출토록 소프트웨어를 조작한 사실이 2015년 드러나 브랜드 가치가 급락한 것은 물론 각국에서 소송전에 휘말렸다.

폭스바겐은 손해배상소송에 참여한 독일 소비자들에게 8억 3000만유로(약 1조 1,086억원)의 보상금을 지급했다. 2015년 3월 247유로였던 폭스바겐 주가는 2015년 9월 97유로까지 떨어졌다. 기업이 환경과 고객에게 미치는 영향을 소홀히 했다가 결

---

12) ESG 투자란 기업의 재무적 지표 이외에 비재무적 요소인 환경, 사회, 지배구조 등 기업의 사회적 책임을 종합적으로 고려하는 투자 방식을 뜻한다.

국 기업가치도 급락하였다. ESG 투자는 이런 기업들을 사전에 걸러내서 투자 포트폴리오의 안정성을 지키는 역할을 한다.

MIT 대학의 슬로언 경영대학원 조직학습 센터의 이사인 제우스Arie de Geus는 장수하는 기업의 몇 가지 특징을 제시한 바 있다. 그는 1951년 로열더치셸에 입사해서 그룹 기획조정실장으로 1989년에 은퇴하였고, 로얄더치셸에 근무하는 동안 네델란드, 터키, 벨기에, 브라질, 영국 등지에서 근무했으며, 런던 비즈니스 스쿨의 방문교수를 역임했다. 그는 장수하는 기업들Living Companies은 조화로운 진화를 가능케 하는 특성을 가지고 있으며, 그들은 스스로를 잘 알고 세상에 어떻게 하면 잘 적응할 수 있는지를 이해한다. 새로운 아이디어와 직원들을 존중하며 스스로의 미래를 다스릴 수 있도록 자본을 절약한다고 밝힌다.

이에 반해 단명하는 기업들은 과거의 성공에 안주하고 경영 혁신에 소극적이며, 부서 간 장벽이 높고 상하 간 소통이 원활하지 않으며, 우수 인재가 조직을 떠나고 조직 내 일체감이 떨어지는 등의 징후들이 나타난다고 한다.

장수 기업과 단명하는 기업들의 특징을 보면 지속가능한 기업을 어떻게 만들 수 있는지에 대한 지혜를 얻을 수 있을 것이다.

일본이 장수 기업 대국으로 발전하게 된 것은 내부적 요인과 외부적 요인으로 나누어 볼 수 있다. 내부적 요인으로는 본업 중시, 신뢰 경영, 투철한 장신정신, 혈연을 초월한 후계자 선정, 보수적 자금운영 등을 들고 있다. 외부의 침략이 적고 장인을 존중하는 사회적 분위기가 형성되어 있는 점도 기업의 장수에 긍정적 영향을 주고 있다는 분석이다.[13]

전문가들은 장수하는 기업일수록 유연하고, 혁신을 잘하며, 조직구성원 간 소통을 잘하고. 인류사회와 국가발전에 기여할 만한 공유가치를 추구한다고 말한다. 이렇듯 전문가들이 생각하는 장수 기업과 단명하는 기업의 특징, 그리고 필자가 40여 년간 직간접적으로 산업계에서 경험하며 지켜본 특징은 아래와 같다.

---

13) 한국은행 조사국,「일본기업의 장수 요인 및 시사점」, 2008.5월 참조

《장수하는 기업과 단명하는 기업의 특징 비교》

장수하는 기업	단명하는 기업
① 지속가능발전 철학에 입각하여 장기적 목표와 단기 업적의 조화를 추구함	① 단기 업적 위주의 의사결정으로 장기적이고 지속발전 가능한 투자를 기피(잦은 회의, 잦은 평가, 잦은 이직 및 인적이동 일반화)
② 시장과 고객의 변화에 민감하고 현금 흐름의 경기변동 등에 따른 변동성이 적음	② 환경변화에 둔감하고 경기변동에 따른 현금 흐름의 기복이 심함 (부채 리스크와 고정투자 리스크 높음)
③ 상시적인 구조조정과 혁신을 하며 안정적인 배당 정책을 실시함	③ 과거의 성공에 취해 혁신과 구조조정을 꺼림
④ 업종, 제품, 지역적 분산투자를 체질화 함.	④ 분산투자 개념이 미약함(예를 들어 특정 지역 및 국가시장 의존도가 높고 리스크 관리에 둔감)
⑤ 환경적 리스크 관리에 민감하고 전사적 위험관리 체제가 구축됨.	⑤ 환경적 위험에 노출되어 있고 리스크 관리도 형식적임
⑥ 사회적 공헌 투자와 함께 사회적 리스크 관리에도 민감함	⑥ 사회적 공헌을 기업 홍보 차원에서만 형식적으로 하며, 연고주의를 선호함
⑦ 균형감각(정치적 중립성 등)을 유지함	⑦ 편향적이고 경직된 조직문화로 상식이 통하지 않음
⑧ 변화 관리 능력과 유연성이 뛰어남	⑧ 관료적이고 변화 관리에 소극적이며 과거의 성공에 안주함
⑨ 성과 위주의 보상과 승진 인사가 이루어지고, 개방적이고 열린 조직문화로 의사소통이 원활함	⑨ 연공서열적 인사 관행이 상존해 있고 폐쇄적인 조직문화로 소통에 장벽이 존재함
⑩ 자정 능력이 뛰어나고 회계적 투명성이 높으며, 임직원의 부정부패가 거의 없음	⑩ 조직내 도덕적 해이가 만연되어 있고 회계 투명성이 낮음 (예: 엔론, 루이싱 커피 등)
⑪ 기타 기본과 원칙에 충실하고 시나리오 경영으로 최악의 경우에 대비함.	⑪ 최고경영자의 직관에 주로 의존하여 의사결정하고 전략적 마인드가 부족함

지속가능발전을 하는 기업들의 주요 특징이라 할 수 있는
균형감각과 유연성을 중심으로 자세히 소개하고자 한다.

가. 균형감각

지속가능발전하는 기업들은 인재채용, 구성원 간 의견수렴,
투자의사 결정이나 대외관계 등에 있어 균형감각을 유지하고
이를 중시하기 때문에 대내외 환경이 급변하더라도 신중하면
서도 민첩하게 대응하여 기업에 미치는 영향을 최소화할 수
있다.

지속가능발전 기업의 균형감각을 유지하는 법

① 학연, 지연, 혈연, 이념과 진영논리의 벽을 넘어선 성과와
능력 위주 인재 활용
② 악마의 대변자(Devil's Advocate) 등 자체 정화 시스템의
구축 및 활용
③ 판단의 잣대가 편향적이지 않고 실용주의적이며 팩트 중심
적임
④ 시장이 할 일과 기업이 할 일을 제대로 식별
⑤ 정치와 언론을 불가근불가원의 대상으로 인식
⑥ 변화와 지속성(연계성) 사이에 균형을 유지하는 정책
(policies to balance changes and continuity)을 구사.

① 학연, 지연, 혈연, 이념과 진영논리의 벽을 넘어선
　 능력 위주의 인재 활용

　2002년 한국 축구의 4강 신화를 쏘아 올린 히딩크 감독과 박항서 코치, 2018년 베트남 국민을 열광케 만든 베트남 축구영웅 박항서 감독은 축구에서 학연과 지연을 없애 한국 축구와 베트남 축구 수준을 격상시키는데 기여한 대표적 인물들이다. 박항서 감독의 경우 동남아시아 월드컵이라 불리는 스즈키 컵 우승의 주역이다. 그는 베트남 축구 승리의 원동력은 국가대표 선수 발탁 방식을 능력 중심의 선발 방식으로 전환한 점이라고 밝힌 적이 있다.

　한국 축구의 월드컵 4강 신화도 한국 축구의 고질적인 병의 하나인 학연 중심의 대표선수 발탁 대신에 박지성과 이영표 선수같은 비명문학교와 비구단 출신의 능력 있는 선수들을 발탁한 것이 성공 신화의 밑거름이다. 2002년의 성공 경험이 그 뒤에 한국에서 이어지지 못하고 베트남에서 박항서 감독에 의해 이루어진 것은 한국 사회의 고질적인 학연, 지연주의 문화가 상존해 있기 때문이다.

　메이저 방송에서 「SKY 캐슬」이란 드라마가 제작되어 절찬리에 방영된 적이 있다. 소위 명문대를 보내기 위해 온 집안이 전쟁터를 방불케 하는 삶을 사는 모습을 보여주는 것이었는데 이는 한국사회의 병폐인 뿌리 깊은 학연 사회의 심각성을 보여준 것이다.

한국이 대학 4년에 한평생 먹고사는 것이 결정되는 사회가 되어버렸다고 생각하는 기성세대가 많다. 명문 대학에 가는 것이 목표인 세상에서 무슨 미래와 지속가능한 삶을 기대할 수 있겠는가? 유태인 부모들처럼 자녀들이 스스로 가장 잘할 수 있고 세계의 최고가 될 수 있는 인재로 성장하도록 도와주는 사회가 되어야 개인은 물론 기업이나 국가도 미래가 있고 지속가능한 발전을 추구할 수 있다.

기업 내의 학연과 지연 관계 구조를 혁신하기 위해서는 오너와 최고경영자의 의지와 실천이 중요하다. 이의 개선에는 상당한 시일이 소요될 것이다. 국내 대다수 대기업들은 뿌리 깊은 학연과 지연 관계에 의해 회사를 이끌어간다고 해도 과언이 아니다. 이러한 구조 때문에 정치권력 변동에 취약하다. 지역색이 짙은 기업들은 장수하지 못하고 경영위기를 맞는 경우가 많다.

국내 기업 가운데 학연이나 지연 관계를 가장 균형감 있게 관리하는 기업의 하나는 삼성전자와 그 계열사들이다. 이들 기업은 능력 위주의 인사관리 시스템 정착으로 학연이나 지연을 중시하지 않는다. 하지만 연고 사회 혁신은 기업의 노력만으로 이루어지기 힘들다. 개인이나 사회의 가치관 변화도 중요하다. 남들과 지나치게 비교하는 문화도 사라져야 한다. 정치권력의 과잉과 금전만능주의적 사회구조도 혁신되어야 한다. 각자 자기가 잘할 수 있는 분야에서 즐기며 성공할 수 있는 사회를 만들어 가야 한다. 이를 위해서는 사회적 안전망 구축이 중요하다. 모든 국민이 최소한의 경제적인 삶을 영위할 수 있는 환경을 만들어 주고 나머지는 자신의 노력 여하에 따라 각자의 영역에서 경제적인 풍요를 택하든 권력을 택하든 명예를 택하든 자유로운 선택을 하면 되는 것이다. 권력이나 부를 부러워하는 사회에서 자유와 인간 존중과 공정의 가치 중심 사회로 전환해 가는 데에 지혜를 모아야 한다. 그래야 한국 사회도 지속가능한 기업과 공동체 사회를 만들어 갈 수 있다.

② 악마의 대변자Devil's Advocate 등 자체 정화 시스템의 구축 및 활용

지도자 옆에는 바른 소리를 하는 사람들보다는 아부성 발언을 하는 사람들이 모여들기 마련이다. 아무리 총명하고 지혜로운 지도자도 아부나 칭찬에는 당해 낼 재간이 없다고 한다. 세간의 농담 중에 이런 것이 있다. 세월과 매질과 아부에는 이길 장사가 없단다. 경영자들 또한 주변의 칭찬이나 아부에 총기가 흐려지고 옳고 그름에 대한 판단력이 흐려지게 되는 경우가 많다. 주변 사람들이 해주는 칭찬이나 아부가 사실과 다를 수 있거나 과장된 경우가 많다는 사실을 알면서도 그러한 칭찬이나 아부에 익숙해져서 자신이 정말 대단하고 일을 잘하는 것으로 착각하게 되는 것이다. 그러면서 지도자가 하는 일에 올바른 지적을 하거나 부정적인 평가를 하는 경우 초기에는 인내하며 듣다가도 시간이 지남에 따라 거북해하고 마침내는 바른 소리 하는 사람을 내쳐 버리게 된다. 인류 역사를 보면 이렇듯 바른 소리를 하는 악마의 대변자를 지도자가 멀리할 때에 국가나 사회가 위기에 직면하게 되고 종국에는 전체 조직이 소멸하는 사례를 흔히 접할 수 있다.

악마의 대변자Devil's Advcate의 사전적 의미는 다음과 같다(네이버 지식백과, 『시사상식사전』, 박문각). 어떤 사안에 대해 의도적으로 반대 의견을 말하는 사람을 의미한다. 악마의 변호인이라고도 하는데, 가톨릭 성인sainthood 추대 심사에서 추천 후보의 불가 이유를 집요하게 주장하는 역할을 맡는 사람을 '악마devil'라고 부른 데서 유래된 개념이다. 이들은 모두가 찬성할 때 반대 의견을 제시하면서 토론을 활성화시키거나 또 다른 대안이 있는지를 모색하도록 하는 역할을 담당한다.

근래 한국 사회에서 악마의 대변자로 불릴 만한 인사들 중 한 사람으로 김광두 전 서강대 교수를 들 수 있다. 물론 반대편의 입장에서서 의도적으로 비판자로서의 역할을 하도록 미션이 부과된 것은 아니지만, 김교수는 박근혜 정부와 문재인 정부에서 대통령의 경제 멘토 역할을 해오면서 올바른 소리를 하다가 중도에 지도자로부터 외면당한 대표적인 인사라 할 수 있다. 만약 박근혜 정부와 문재인 정부가 그의 조언을 경청하고 정책에 반영했다면 훗날 한국 경제가 맞이한 심각한 위기 상황을 피하고 더 좋은 국면이 전개되었을지도 모른다.

악마惡魔의 대변자 김광두

[중앙일보 – 분수대] 김동호 논설위원 / 2018.12.11

악마의 대변자(devil's advocate)는 모두 찬성할 때 반대 의견을 제시하는 사람이다.

문재인 정부에서 이 역할을 자처했던 김광두(71) 국민경제자문회의 부의장이 학교로 돌아간다. "서강대로 돌아가 후배 교수, 학생들과 어울려 토론하고 더 늙기 전에 한 권의 책을 쓰고 싶다"고 귀거래사를 밝혔다……

그는 정부 내 야당이었다. 2018년 4월부터 쓴소리를 쏟아냈다. "최저임금만 올려선 경제가 안 살아난다. 산업 구조조정과 노동개혁을 병행해야 한다"고 했다. 또 "일자리를 지키려면 일거리가 있어야 한다. 신산업 전직을 위한 인프라에 투자해야 한다"고 주문했다. 나아가 "대통령이 규제를 풀라고 해도 현장에선 외면하고 있다. 실무자를 적폐로 처벌하니 복지부동이 된다"고 꼬집었다. 서울 강남에 대해서는 "거기 좋은데 왜 안 가?"라고 반문했다.

재정 투입 남발에 대해서는 "마약 맛 붙이는 것"이라고 일갈했다. 세계는 미래를 향해 뛰는데 한국은 규제 완화가 부진하고 산업 구조조정이 늦어 역동성이 떨어지고 있다고 경고했다.

지속가능한 성장을 하려면 모든 조직은 자체 정화 시스템이 작동해야 한다.

이를 위해서는 지배구조의 혁신도 필요하지만 이것이 제대로 작동하지 않을 것에 대비해 조직 내에 의도적으로 악마의 대변자를 임명해 두고 이들의 직언을 경청하고 활용할 필요가 있다.

특히 권위주의적인 한국 사회에서 최고경영층의 잘못된 의사결정에 따른 경영 위험을 줄이기 위해서는 악마의 대변자를 홀대하고 내치기보다는 세종대왕처럼 집현전 같은 토론의 장을 상시적으로 열어 이들의 의견을 경청하고 조율해가는 노력이 필요하다.

③ 판단의 잣대가 편향적이지 않고
실용주의적이고 팩트 중심적이다

　최고경영진의 한쪽에 치우친 판단 기준이나 과거의 성공 경험에 입각하여 의사결정을 하게 되면 전체를 편견 없이 바라보기가 쉽지 않다. 때로는 오판을 하여 기업의 대사나 장래를 망칠 수도 있다. 이러한 사례는 적지 않다. 특히 자수성가를 한 기업인일수록 그럴 개연성이 높다. 또한 잘된 결정을 하는 경우라면 다행이지만 잘못된 결정을 한 경우에는 바로잡는 데 시간도 많이 걸리고 부작용도 크다. 한쪽으로 치우친 정책이나 의사결정은 대부분 큰 부작용과 시행착오를 범하기가 쉽다. 특히 주인 없는 조직에서 다수결에 의한 의사결정 또한 문제가 있기는 마찬가지이다. 주인 없는 조직의 군중심리에 의한 의사결정은 책임질 주체가 분명하지 않고 대중의 감성에 부응해서 결정하면 된다고 생각하는 경향 때문이다. 그러나 이러한 결정들은 5년이나 10년 앞을 내다보고 의사결정을 다시 한다면 대부분 바보 같은 짓이라며 부결했을 일들이 거의 대부분이다. 이같이 후회할 일이 되리라는 것을 알면서도 주인의식이 없는 지도자들은 눈앞의 이익만을 보고 지혜롭지 못한 선택을 하려 한다.

　한편 지속가능발전 기업은 경영 의사결정이 현장중심적이고 팩트에 입각하여 이루어진다. 이 때문에 시장과 소비자 중심의 식별 능력을 갖게 되고 잘못된 의사결정을 할 개연성을 줄일 수 있다. 기업의 문제는 대부분 현장에 답이 있다. 현장에서 답을 찾으려는 기업 구성원이 많을수록 위험은 줄어들고 더 많은 성장기회를 찾게 된다.

④ 시장이 할 일과 기업이 할 일을 제대로 식별한다

기업이 일상적으로 행하는 의사결정 가운데 하나는 회사 내부에서 할 것이냐 아니면 회사 밖 시장에 맡겨 해결할 것인가를 결정하는 것이다. 이때 기회비용의 개념이 중요한데 기업 내부에서 하는 것보다 외부 시장에 맡겨 해결하는 것이 저렴하다면 굳이 회사 내부에서 하는 것은 자원의 낭비를 가져올 수 있고 더 좋은 사업기회를 놓칠 수도 있다. 기업의 모든 구성원이 기업 내부에서 해야 할 일인지 시장에서 맡겨 해결해야 할 일인지를 매 순간 식별하고 보다 기회비용이 적게 드는 방향으로 의사결정을 하는 것이다. 하지만 이렇게 기회비용을 고려해 가면서 의사결정을 하기는 쉽지 않다. 이러한 것이 조직의 문화로 뿌리내리게 하기 위해서는 임직원들에게 철저한 원가개념과 원가계산법 등을 가르쳐 주고 의사결정을 제대로 하는 법이 몸에 배도록 해야 한다. 오늘날 신라호텔이 최고의 호텔로 성장할 수 있었던 이면에는 오너 회장의 철저한 원가 마인드와 임직원들에게 원가관리 개념을 심어주고 훈련시킨 경영진의 노력도 한 원인이다.[14]

초일류 기업이나 장수하는 기업들의 경영원칙을 보면 모든 조직구성원에게 원가개념을 심어주는 데에 심혈을 기울인다. 물론 한계비용이 거의 제로에 수렴하는 사업, 예컨대 플랫폼 사업 같은 경우에는 원가개념을 다소 소홀히 다룰 수 있지만 이 경우에도 기회비용 개념을 철저히 이해하고 미래를 대비하는 것은 매우 중요하다.

---

14) 당시 신라호텔 대표이사였던 현명관 전 마사회 회장은 자신의 저서 등을 통해 밝히고 있다.

⑤ 정치와 언론을 불가근불가원의 대상으로 인식

조선시대 300년 부자인 경주최씨의 가훈 중 첫째는 "과거를 보되, 진사 이상 하지 말라!"였다. 이는 오늘날의 의미로 정치와 거리를 두고 정치적 중립을 지키라는 메시지이다. 부자로 계속 살아가고 싶으면 정치와 권력과 거리를 두어야 하는 이유는 무엇일까. 권불십년이란 사자성어가 있다. 정치권력의 세계는 변화무쌍하다. 이런 세계와 가까이하다가는 정치싸움에 휩싸여 언제 어떻게 기업이 망할지 모르기 때문일 것이다.

한때 잘나가던 기업 가운데 정치권과 잘못된 인연으로 패망하거나 심각한 경영위기를 경험한 기업들이 적지 않다. 지속 가능한 발전을 꿈꾸는 기업이나 그 구성원이라면 매 4~5년마다 바뀌는 정치권력에 다가가거나 멀리하게 되면 그만큼 사업의 전 과정에서 수모를 당하거나 어려움을 겪을 가능성이 크며 심한 경우 기업을 빼앗기는 사례가 21세기에도 적지 않게 발생하고 있다. 지난날 기업들 가운데 정치권력과 유착했던 기업들은 여지없이 도산위험에 빠졌거나 사라져 버렸다. 한때 국내 4대 그룹의 하나였던 국제그룹이 소멸되었고 한보철강그룹 또한 그렇게 사라진 대표적 기업이다. 또한 2020년 미국 대선에 수억 달러의 자금을 기부해 선거에 영향을 준 페이스북의 오너 저커버그는 형사소송에 노출되는 것은 물론 향후 기업인으로서의 입지가 크게 흔들리게 되었다.

특정 언론사에 편중된 배려나 관심을 보이는 것도 조심해야 한다. 특정 언론사에만 광고를 몰아 주는 행위나 홍보뉴스 거리를 제공하여 다른 언론사나 경쟁사에게 불리한 결과를 초래하는 행위 등도 조심해야 한다. 특정 언론에 홍보가 잘 되면 잘 될수록 경쟁 언론사로부터는 질시와 비판의 대상이 되어 코너로 몰리는 경우가 많다. 언론사에 대한 호불호는 있을 수 있다. 하지만 겉으로 드러내놓고 언론사를 차별하는 듯한 인상을 주거나 홀대하게 되면 그러한 행위로 인해 기업이 어렵게 되는 경우는 흔히 접할 수 있다. 또한 인터넷과 SNS가 발달한 오늘날에는 소규모 언론매체라 해서 홀대하면 안 된다. 누군가가 포털사이트 등을 통해 생산해낸 나쁜 뉴스나 악소문은 빠른 속도로 전파되어 기업 이미지에 나쁜 영향을 줄 수 있다.

파스퇴르 우유와 같이 신문광고란을 이용해 정부 정책을 비판하는 것도 삼가야 한다. 또한 광고대행업체나 인터넷 등을 이용하여 경쟁사를 비방하거나 비하하는 행위도 절대 삼가야 한다. 분유업계의 두 경쟁사가 상대에게 흠집을 내기 위해 인터넷이나 언론매체 등을 이용하는 사례가 있었지만, 이런 행위는 오랫동안 양사의 지속가능한 발전을 크게 훼손하기가 일쑤였다.

남양유업과 매일유업 간 인터넷 댓글 비방으로 인한 기업 이미지 훼손 사례

종로경찰서는 경쟁사인 매일유업을 비방하는 내용의 글과 댓글을 지속적으로 게시한 혐의로 홍원식 남양유업 회장 등 관련자 7명을 입건해 수사 중이라고 밝혔다. 남양유업은 홍보대행사를 동원해 맘카페라고 불리는 온라인 카페에 매일유업을 비방하는 내용의 글과 댓글을 지속적으로 게시해 명예훼손 혐의를 받게 되었다. 해당 글의 내용은 "매일유업의 원유를 납품하는 유기농 목장 근처에 원전이 있어 방사능 유출 가능성이 있다.", "매일유업에서 나온 유기농 우유의 성분이 의심된다.", "우유에서 쇠 맛이 난다" 등 소비자의 불안감을 조성하는 내용이 주를 이루었다. 남양유업 측은 해당 홍보대행사에 마케팅 업무를 맡긴 것은 맞지만, 비방 댓글을 달라고 지시를 하지는 않았다고 주장하였으며, 상하 유기농 목장이 원전 4km 근처에 위치해 있는 것은 사실이기 때문에 댓글 내용에 문제가 없다는 실무자의 자의적 판단이라는 입장을 내놓았다. 남양유업은 2009년과 2013년에도 인터넷에 경쟁사 비방 글을 올린 혐의로 경찰 수사를 받은 바 있다. 이에 소비자들은 "남양이 남양했다."라며, 2013년 '대리점 갑질 사건'을 계기로 시작된 남양유업 불매운동을 계속해서 이어 나가야 한다는 반응을 보였다.

출처: 네이버 및 주요 일간지 2020년 8월 6일

따라서 기업인과 기업 구성원들은 가급적 모든 언론기관들을 편견없이 균형적인 시각으로 대우하고 협력하는 자세를 보여주어야 한다. 또한 광고대행사나 인터넷매체 등의 댓글 등을 활용해 진정성 없는 대응이나 정부정책과 경쟁사를 비방하는 행위는 원천적으로 금지시킬 필요가 있다.

90년대 한 철강그룹의 전문경영인 부회장이 언론사와 정치문제에 대해 인터뷰를 한 적이 있다. 이 소식을 접한 회사 오너는 부회장을 질책하면서 "정치와 언론은 불가근불가원이다. 다시는 이런 일이 없도록 하라!"고 질책한 사실이 재계에 회자된적이 있다. 기업의 경영진들은 정치문제나 정부정책에 대해서는 코멘트하는 것을 극도로 자제하는 경향이 있다. 정책에 대한 긍정적인 코멘트 조차도 하지 않는다. 4~5년후 정권이 바뀌면 그러한 코멘트가 기업경영에 부정적인 영향을 줄 수 있기 때문이다. 대한민국 최고 기업인 삼성그룹의 이건희 회장은 "한국의 기업은 2류, 정치는 3류"라는 평을 했다가 호되게 당한 적이 있었다. 한국과 같은 권위주의적이고 사농공상의 유교적 문화사회에서는 기업이라는 조직의 구성원이 정부나 정치권을 비난하거나 평가하는 것은 매우 위험한 일이다.

SK그룹 회장이자 전경련 회장을 역임한 최종현 회장은 재계대표로서 정부의 금리정책 등을 비판했다가 큰 곤혹을 치른 적이 있다. 최종현 회장은 전국경제인연합회 회장 자격으로 금리인하, 쌀 시장 개방과 같은 민감한 정책문제에 대해 고언을 서슴지 않았다. 김영삼 정부 당시 시대착오적인 규제 등을 풀어달라고 목소리를 높여 대대적인 세무조사를 받기도 했다.

물론 미국과 같이 언론의 자유가 보장된 국가에서는 기업이이런 식으로 입장을 표명하는 것이 문제가 되지 않겠지만, 한국이나 일본, 중국 같은 국가에서는 기업인은 항상 언행에 조심해야 한다.

자가 자문해주던 청년 벤처기업인 가운데 박근혜 정부 시절에 각종 상을 수상하면서 대통령이 주재하는 행사에도 꼬박꼬박 참가하던 이가 있었다. 필자는 그 기업인에게 수상식에는 참가할 수 있겠지만 정부 행사 등에는 더 이상 참가하지 말고 본업에 충실하는 게 좋겠다고 여러 차례 조언한 적이 있었다. 하지만 그는 설마 별일이 있으랴 하면서 정부가 부르면 사절하지 않고 각종 행사나 회의에 참가했다.

하지만 정권이 바뀌면서 동 사업가는 차기 정부와 산하기관들이 곱지 않은 시각으로 바라보는 것은 물론이고 회사 내에서도 사장이 겉멋만 들어 회사경영에는 소홀히 한다는 지적을 받기도 하였다. 이 회사는 정권이 바뀐 후 홀대받게 되었고 회사에 대한 소문도 좋지 않게 나면서 인재들이 회사를 떠나는 아픔을 겪었다.

기업의 세계는 고객에 대한 무한 충성 경쟁을 벌이는 게임의 장과 같다. 회사는 제품이나 서비스를 통해 소비자의 마음을 사야 한다. 그런 식으로 하지 않고 정치권력이나 정부의 힘을 빌려 시장에서 몸집을 키우는 것은 경쟁자들의 질시와 견제를 받게 된다는 점을 잊지 말아야 한다.

경제단체도 마찬가지이다. 물론 대다수 단체들은 정치적 중립을 원칙으로 하고 있고 정치인의 단체활동 참여를 제한하는 것이 일반적이지만 언제부터인가 한국 사회에서는 단체들이 정치적 성향을 보이고 특정 정치집단의 이익을 대변하는 행위를 하고 있다. 이러한 행위는 일시적으로는 통할 수 있어도 10년 후 미래의 관점에서 보면 조직의 지속가능성을 위태롭게 하는 것임을 잊어서는 안 된다. 조직의 지속가능성 관점에서 어떠한 입장을 견지하느냐에 따라 조직의 운영 방향이나 재원 마련 방법 등이 크게 달라진다는 점에서 모든 조직의 지도자들은 자신의 이해를 넘어 조직의 지속가능성을 염두에 두고 의사결정을 신중히 하면 좋을 것이다.

한국 사회의 큰 문제 중 하나는 지연을 지나치게 중시하는 경향이 있다는 점이다. 어떤 그룹은 주요 경영진의 대부분이 특정 지역 출신들이 포진하고 있는 것을 흔히 볼 수 있다. 또는 특정 지역을 선호하지는 않더라도 특정 지역 사람은 안 된다는 불문율을 갖고 있는 기업들도 있다. 이러한 그룹들은 어느 정도까지는 그런대로 굴러가겠지만 그러한 지역 편향성 때문에 정권이 바뀌거나 특정 지역 정치인들이 득세하게 되면 어려움을 겪게 되는 경우가 생겨난다. 특정인이 조직의 장이 되면서 자신의 출신 지역 인사들을 대거 등용하는 경우에 그러한 조직이 잘 되는 사례는 거의 없다. 지역 선호나 차별의 영향으로 동 조직이 정치집단화 되고 조직의 본래 목적을 추구하기보다는 자신들의 권력을 향유할 목적으로 조직을 악용할 소지가 많은 것이다.

이러한 폐해를 막기 위해서는 주요 경영진을 구성할 때 특정 지역 인사들로 편중되지 않도록 하는 등의 인사원칙을 확립할 필요가 있다.

⑥ 변화와 지속성(연계성) 사이에 균형을 유지하는 정책policies to balance changes and continuity 구사

급변하는 기업 환경 속에서도 지속가능한 성장을 하는 기업들은 소비자와 시장, 그리고 기업을 둘러싸고 있는 환경의 변화에 즉시 적응하는 조직시스템을 구축하고 있다. 일반적으로 기업은 성장하면서 환경변화에 적응하기 위해 조직을 분화하고 사람을 바꾸기도 한다. 이러한 과정에서 조직이 더 복잡하고 산만해지며 구성원 간 갈등이 심해져 의사결정이 지연되는 사례도 적지 않게 발생한다.

하지만 장수하는 기업들을 보면 기본에 충실하면서도 권한의 하부 이양과 통제가 균형을 잘 이루고 있다. 이들 기업은 어떠한 환경변화에서도 조직이 일사분란하게 움직이는 모습을 보여주고 있다. 특히 최고경영층과 지주회사 차원에서 치밀하게 조직을 설계하고 변화주도형 인재를 양성하며 관리를 한다. 삼성전자(주)는 세계적으로도 변화 관리를 잘하는 기업 중 하나로 평가받고 있다. 삼성그룹 고 이건희 회장의 경영철학이 담긴 『지행 33훈』15)에는 이러한 변화 관리의 리더십과 지속성의 연

---

15) 삼성그룹에는 이건희 회장의 경영철학을 정리한 『지행 33훈』이라는 대외비 책자가 있다. 이 회장이 직접 쓴 것은 아니고 삼성그룹 임직원들이 그의 평소 발언을 바탕으로 체계적으로 정리한 책자이다. 삼성그룹 안에서도 임원들에게만 전해진다. 지행이란 말은 이건희 회장이 경영자가 꼭 갖춰야 하는 자질이라고 말했던 지행용훈평(知行用訓評)에서 따온 것이다. 그는 알고(知·지), 행하고(行·행), 사람을 쓰고(用·용), 가르치고(訓·훈), 평가하는(評·평) 다섯 가지 자질이야말로 경영자가 반드시 갖춰야 할 필수 조건이라고 여겼다. 33훈이라는 말은 책에서 다루는 주제가 모두 33가지였기 때문에 붙인 말이다. 이렇게 지행과 33훈이라는 두 단어가 합쳐져 '지행 33훈'이라 불리게 되었다.

계가 잘 나타나 있다. 그의 경영철학의 키워드를 보면, 위기의
식, 미래 통찰, 변화 선도, 기회 선점, 인재 육성 등이다. 그의
경영철학 키워드들은 변화와 지속성과 관련한 것들이며, 나머
지 키워드들도 이들과 직간접적으로 연결되어 있다.

이건희 회장의 『지행 33훈』

『지행 33훈』이라는 책자는 33개의 주제에 관한 말을 기록
하고 정리해 놓은 것이다. 각 주제는 4개의 요소로 이루어져
있다. 주제별로 먼저 상징적인 문장이 제시된다. 이어서 삼성
그룹이 이건희 회장의 발언록에서 뽑아낸 주요 키워드를 보여
주고, 이 회장이 실제로 말했던 것을 기술한 다음, 마지막으
로 핵심내용을 정리해 준다.

1훈 위기의식 : 우리는 지금 어디에 서 있는지,
　　　어디로 가는지 파악하라.

2훈 미래 통찰 : 5년, 10년 앞을 내다봐야 한다.

3훈 변화 선도 : 체질, 구조, 사고방식을 모두 다 바꿔야 한다.

4훈 업의 개념 : 업의 개념 파악 여부에 따라 사업의 성패가
　　　좌우된다.

5훈 기회 선점 : 버릴 건 버리고 시작할 건 빨리 시작해야 한다.

6훈 1등 전략 : 모든 제품과 서비스는 세계 1등을 목표로 한다.

7훈 정보화 : 21세기에 맞는 경영구조와 시스템을 구축해야 한다.

8훈 복합화 : 단지 복합화로 효율을 증대해야 한다.

9훈 핵심 인력 : 미래를 위해 가장 먼저 할 일은 인재 확보다.

10훈 능력주의 : 잘 뽑는 것만큼 잘 배치하고 잘 챙기는 게 중
　　　요하다.

11훈 **성과 보상** : 성과를 내는 직원은 사장보다 더 많이 보상하라.

12훈 **여성 인력** : 우수한 여성 인력을 선행 확보하고 적극적으로 활용해야 한다.

13훈 **전문가 활용** : 전문가를 제대로 잘 활용하여 경영의 질을 효율적으로 올려야 한다.

14훈 **복리후생** : 다양한 복지제도를 마련하라.

15훈 **조직 문화** : 노사 간 갈등은 회사의 존폐에 직결됨을 인식해야 한다.

16훈 **인재 육성** : 간부 교육을 강화하고 경영자 양성 교육을 체계적으로 실시해야 한다.

17훈 **지역 전문가** : 10년 앞을 내다보고 전략적으로 양성해야 한다.

18훈 **기술 중시** : 적자 불황에도 연구개발 투자는 줄이지 않는다.

19훈 **기술 확보** : 기술 확보는 합작-제휴-스카우트 순으로 해야 한다.

20훈 **명품 개발** : 고객과 시장이 요구하는 최고의 기술을 개발하고 상품화해야 한다.

21훈 **최고 품질** : 최고의 품질로 승부해야 한다.

22훈 **환경 안전** : 작업 현장은 안전이 최우선이다.

23훈 **구매 예술화** : 구매업체의 신뢰가 제품의 품질과 경쟁력을 좌우한다.

24훈 **마케팅** : 철학과 문화를 파는 마케팅을 해야 한다.

25훈 **고객 만족** : 친절, 서비스는 마음에서 우러나와야 하며, 불만은 신속하고 정성껏 처리해야 한다.

26훈 디자인 경영 : 21세기는 결국 디자인, 소프트와의 싸움이다.

27훈 국제화 : 세계에 글로벌 삼성의 뿌리를 내려야 한다.

28훈 현지화 : 현지에 맞는 경영모델을 개발, 정착하고, 현지 사회와 공존공영해야 한다.

29훈 삼성화 : 현지 인력을 삼성화하고 해외에서 싱글삼성을 구현해야 한다.

30훈 창의와 도전 : 끊임없는 도전과 창조의 정신이 가득한 일터를 만들어야 한다.

31훈 정도 경영 : 끊임없는 도전과 창조의 정신이 가득한 일터를 만들어야 한다.

32훈 그룹 공동체 : 삼성인의 일체감과 결속력을 강화해야 한다.

33훈 사회적 공헌 : 국가 경제발전에 기여하고 적극적으로 사회적 공헌을 해야 한다.

나. 유연성과 변화 관리 능력

노자『도덕경』76장

사람이 살아 있을 때에는 부드럽고 연약하지만,
그가 죽게 되면 딱딱하고 굳어버린다.
만물이나 초목이 살아 있을 때에는 부드럽고 여리지만
그들이 죽게 되면 마르고 시들게 된다.
그러므로 딱딱하고 굳어버린 것은 죽음의 무리이고,
부드럽고 연약한 것은 삶의 무리이다.[16]

---

16) 『노자 도덕경』, 김원중 옮김, 휴머니스트, 2018.

(하략)

> 人之生也柔弱, 其死也堅强,
> 萬物草木之生也柔脆, 其死也枯槁,
> 故堅强者死之徒, 柔弱者生之徒,

　개인이든 기업이든 항상 잘나갈 수만은 없다. 일이 잘 풀릴 때도 있지만 꼬이는 순간들도 많을 것이다. 성공할 때도 있지만 실패하는 경우도 적지 않을 것이다. 실제로 장수하거나 성공하는 기업들도 한때는 힘들고 어려운 시절이 있었다. 세계 초일류기업 애플이나 삼성전자도 마찬가지이다. 삼성전자의 경우 반도체사업 때문에 그룹 전체가 큰 시련을 겪었던 때도 있었다. 이러한 시련기를 어떻게 극복하느냐에 따라서 더 큰 성장을 하기도 하고 나락으로 떨어지기도 한다.

　어느 경우든 성공하고 장수하는 기업들을 보면 위기상황 속에서도 기업의 의사결정 전 과정에서 대내외 환경 변화에 유연하게 대처하는 능력을 보유하고 있다는 점이다.

　아래 표는 각 조직에서 자사의 유연성 정도를 자가측정해 보도록 예시한 유연성 측정 항목이다.

기업의 유연성 자가 체크리스트(Self checklist) 예시

① 모든 거래계약을 체결할 때 고정비를 변동비화하는 방안을 고려하는가

② 각 의사결정 단계에서 대안을 반드시 검토하고 경제 상황에 따른 시나리오별 대응전략을 구사하거나 더치 쉘 방식의 시나리오 경영으로 위기관리를 하는가

③ 최고 의사결정자의 승인이 난 투자계획이라도 사업 환경이 바뀌는 경우 투자계획 자체를 포기할 수 있는가

④ 기업 환경 변화에 민감하며, 상시적인 구조조정과 혁신을 추진하고 변화주도형 인재를 양성하는가

⑤ 기본에 충실하고 잘 준비된 실패를 격려하며 성공 경험을 공유하는 조직 문화가 잘 형성되어 있는가

과학 및 정보통신기술의 발달, 인터넷 활용의 보편화와 글로벌 경쟁의 심화 등으로 기업들은 과거 어느 때보다 급변하는 환경 속에서 힘겹게 살아가고 있다. 불확실성이 증대되는 상황 속에서 기업이 보다 더 지속가능한 발전을 도모하기 위해서는 조직과 구성원의 유연성을 키우는 것이 중요하다.

여우는 집을 지을 때 굴을 세 곳에 파 닥칠 위험에 대비한다고 한다. 장수하는 기업들은 미래의 불확실한 사업 환경에 대비하여 최상의 경우와 정상적인 경우와 최악의 상황을 고려한 시나리오 경영을 해야 한다. 그래야 로얄 더치 쉘Royal Dutch Shell의 경우처럼 위기상황이 발생하더라도 위기를 성장의 기회로 만들 수 있다. 2020년 1월 중국에서 시작된 코로나19 감염병 사태로 세계 경제가 두 자릿수 마이너스 성장률이 여러 분기에 걸쳐 지속되었고, 이런 상황은 거의 모든 전문가나 기업인들이 상상조차 할 수 없었던 일이다.

이 같은 최악의 경제 상황에서도 살아남을 수 있고 비약적인 성장을 하는 기업들은 어려운 때를 대비해 사내유보금을 크게 늘려 무 차입경영을 하면서 대면사업과 비대면사업Untact business 을 동시에 수행할 수 있는 기업들이다. 또한 근로계약이나 사업

상의 계약 등을 유연하게 하여 고정비를 변동비로 전환시켜 놓은 기업들의 경우도 위기 발생 시 대응이 상대적으로 용이하다. 예컨대 고정급 급여 지급보다는 매출이나 기업성과에 연동하는 성과급제를 채택하거나 핵심 부품만 자체 생산하고 대다수의 부품은 여러 시장에서 즉시 아웃소싱할 수 있도록 가치 사슬망을 잘 구축한 기업이라면 위기 대처가 보다 용이할 것이다.

유연성Flexibility의 사전적 의미는 딱딱하지 아니하고 부드러운 성질을 의미한다. 일반적으로 유연성은 사람의 신체적 유연성에 대해 이야기할 때 많이 사용해 왔다. 하지만 요즘은 유연성을 언급하면 사고의 유연성이나 조직의 유연성, 노동시장의 유연성 등 다양한 영역에서 쓰인다. 이는 육체적 건강은 물론 정신적 건강이나 조직과 시장의 생존과 성패에 있어 유연성이 그만큼 중요하기 때문일 것이다.

유연성의 반대개념인 경직성이란 용어 또한 많이 쓰이는데 이는 유연하지 못한 개인이나 조직과 국가 등이 많아 각 경제주체가 위태로워지거나 몰락의 길로 빠져드는 사례가 많이 발생하기 때문일 것이다. 이러한 용어가 온·오프라인상에서 많이 거론되는 것은 아마도 현재의 시대상황을 반영하고 있는 것으로 보인다.

노자 『도덕경』 76장의 지적처럼 유연성이 떨어져 도태되는 것은 사람이든 조직이든 마찬가지이다. 한때 잘나가던 기업들이 세월이 흐르면서 변화에 적응하지 못하고 과거의 성공에 안주하기도 하고 실패 경험이나 트라우마에 사로잡혀 환경 변화에 유연하게 대처하지 못하고 소멸하는 경우가 아주 많다.

기업 구성원이 유연한 사고를 하려면 유연성을 상징하는 대상들을 떠올리며 노력하면 좋을 것이다. 유연성을 상징하는 것들은 어린이, 물, 풀 등 부드럽고 살아 움직이는 것 같은 것들이다. 물은 어떤 형태의 그릇에도 자연스럽게 담기며, 변화에 잘 적응한다. 잔디도 마찬가지이다. 사람들이 밟고 지나가면 누웠다가 지나가면 다시 일어난다. 태풍이 오면 큰 나무는 쉽게 부러지지만 풀은 잠시 누웠다가 곧바로 일어난다.

지난날의 성공이나 실패에 집착하는 조직은 유연성이 떨어지기 쉽다. 그래서 한때 성공한 기업이 좌절해 재기에 성공하지 못하고 시장에서 사라지는 경우를 자주 보게 된다. 과거의 성공에 안주하면 유연성이 떨어지고 환경 변화에 적응하기 힘들어진다. 특히 과거에 성공한 경험이 있는 조직일수록 조심해야 한다. 어느 정도의 콤플렉스와 실패를 경험한 조직이 끊임없는 노력을 통해 더 큰 성공을 거두는 사례도 적지 않다. 그래서 초기 고생은 돈을 주고서라도 하라고 농담을 하는 것 같다.

기업이 각 단계에서 의사결정을 할 때마다 여러 대안을 검토하고 그것들 가운데 가장 실현 가능성이 가장 높은 안을 선택하는 것도 유연성을 키우는 한 방법이다. 대안 중에는 어떠한 일을 포기하는 것도 좋은 대안이라는 점을 염두에 두면 좋다. 대안을 검토할 때는 각 대안의 순 현재 가치Net Present Value등을 산출하여 계량적으로 분석하고 비교·형량해야 한다. 또한 시장에서 아웃소싱하는 경우의 기회비용과도 비교하고 분석해야 한다.

최고경영층에서 어떤 사업을 하기로 결정했더라도 무조건 실행해야 한다는 식의 경직된 사고방식은 때로는 매우 위험할 수 있다. 어떤 사업을 하기로 결정했더라도 상황 변화 등을 다시 분석해보니 잘못된 판단이었다고 밝혀지면 용기를 내어 과감히 포기하고 그 이유를 이해관계자들에게 분명히 밝혀주는 것이 유연한 사고이고, 지속가능한 의사결정일 수 있다.

유연성 제고를 위해서는 변화 주도자의 양성이 중요하다. 피터 드러커 교수는 "사람은 변화를 관리할 수 없다"라면서, "사람은 오직 변화를 남보다 앞서 감지하고 행동할 수 있을 뿐이다. 급격한 구조조정 시대에 생존할 수 있는 유일한 조직은 변화 주도자일 뿐이다."라고 말한다.

One cannot manage change. One can only be ahead of it. In a period of rapid structural change the only ones who survive are the Change Leaders.

변화 주도자(change leader)는 변화를 탐색하고 올바른 변화를 찾는 방법을 알아야 한다. 또한 변화를 이용하여 조직 내 외부적으로 목적을 달성하는 방법을 알아야 한다. 드러커 교수는 이를 위해서는 아래의 정책과 방법 등이 필요하다고 밝힌다.

① 미래를 만들기 위한 정책Policies to make the future
② 변화를 탐색하고 예측할 수 있는 체계적인 방법 systematic methods to look for and to anticipate change
③ 조직 내 외부적으로 변화를 추진할 올바른 방법the right way to introduce change both within and outside the organizations

변화 주도자가 된다는 것은 새롭고도 상이한 것들을 새로 하는 것인 만큼이나 기존의 것을 바꾸어야 할 의사와 함께 기존의 것을 바꿀 수 있는 능력을 필요로 한다. 변화 주도자가 된다는 것은 현재가 미래를 창조할 수 있도록 하는 정책을 필요로 한다It requries policies to make the present create the future.

변화 주도자에게 필요한 정책은 조직화된 폐기Organized Abandonment, 조직화된 개선Organized Improvement과 성공 경험의 활용 등이다. 우선 변화 주도자가 조직 전반에 걸쳐 수행해야 할 정책은 조직화된 폐기이다. 무엇을 버려야 하고, 어떻게 버려야 하는지는 체계적으로 이루어 져야 한다. 그렇지 않으면 그러한 인기 없는 정책은 우선 순위에서 밀려 추진되지 못하고 방치되는 경우가 많다. 우리나라에 좀비기업이 많이 있음에도 불구하고 구조조정이 제대로 이루어지지 않고 있으며 정책 당국자들은 서로 눈치만 보고 있다. 이 같은 결과로 머지않은 장래에 산업 위기를 초래하는 것은 물론이고 전체 산업의 경쟁력을 약화시키는 결과를 가져오게 될 것이다.

일각의 비판에도 불구하고 1997년 12월 IMF 금융 외환위기 때 삼성그룹과 현대그룹 등 5대 그룹 주요 대기업이 전경련을 중심으로 1998년도에 추진한 사업 구조조정(소위 빅딜)은 21세기 대한민국의 산업경쟁력 관점에서 보면 매우 잘한 조직화된 구조조정이다.

변화 주도자가 발전시킬 필요가 있는 또 다른 정책은 성공 경험의 활용과 확산이다The next policy which Change-leader needs to develop is the exploitation of success.

조직 내 한 제품과 서비스 영역이나 부문에서의 성공 경험을 다른 영역이나 부문에서 공유하고 이용하는 정책을 개발해야 한다. 우리나라처럼 쓸데없는 자존심을 내세워 다른 조직의 성공 경험을 따라하는 것을 꺼리고 기피하는 문화에서는 한 조직의 성공 경험을 다른 부문에서 조직적으로 활용하는 것이 매우 힘들다.

기업이 변화 주도자가 되기 위해서 기회에 초점을 두어야 한다. 문제 해결보다는 기회를 살리는 일에 역량을 집중해야 한다To be Change-leader, the enterprise has to focus on opportunities. They have to starve problems and feed opportunities.

일반적으로 조직에서는 기회보다 문제 해결에 관심을 집중하고 중요 자원을 투자해서 관리하는 경향이 있다. 이러한 경향은 기업조직보다는 정부조직에서 심한데 공공성을 중시하는 정부조직 성격상 당연하긴 하지만 그렇다 하더라도 변화 주도자로서의 정치 지도자들은 기회를 살리는 데 우수 자원을 투입하고 적극적으로 나서는 모습을 보여주는 것이 바람직하다.

기업조직에서 변화 주도자가 기회에 관심을 더 두는 방법 중 하나는 각종 보고서에 비전과 목표와 관련되는 성과지표와 실적들을 앞에 두게 하고 문제들은 별도로 정리하여 뒷부분에서 보고하게 만드는 것이다. 또한 인력을 배치함에 있어서도 기회를 살리는 일에 우수 인재와 자원을 우선적으로 배려하여 전사적으로 기회를 살리는 데 집중함으로써 변화 관리를 잘할 수 있게 되는 것이다. 그리고 문제 해결은 변호사나 회계사 등과 같은 외부 전문가 그룹을 활용해 해결하는 것이 비용효과적일 경우가 많다. 조직 구성원들이 해결에 나설 때 투입되는 학습비용과 시간 투입 등 기회비용을 감안하면 외부 전문가 시장을 활용하면 시간당 컨설팅 비용이 비싸다 할지라도 기업의 기회비용보다 저렴한 경우가 대부분이다. 그래서 대다수 기업은 법적인 문제는 외부 법률자문회사를 통해 해결하는 경우가 많은 것이다.

The Survivor

기업의 지속가능발전을
어렵게 하는 요인

▌지속가능한 발전을 어렵게 하는 요인

(1) 단기 업적주의와 잦은 인적 변동으로 장기 투자를 꺼리는 조직문화

(2) 잘 준비된 실패조차 용인하지 못하는 조직문화

(3) 지배구조 불안정과 대리인 문제(Agency Problem)

(4) 과거의 성공에 안주하는 폐쇄적이고 배타적인 조직문화

(5) 공동체 의식의 결여 및 핵심가치 공유의 부재

(6) 갑질 문화와 인권존중 의식의 부족

(7) 조급하게 서두르는 조직문화

(8) 연대와 협력을 저해하는 과도한 경쟁

(9) 도덕적 해이의 만연

1 단기 업적주의와 잦은 인적 변동으로 장기 투자를 꺼리는 조직문화

1997년 12월 발발한 IMF 금융 외환위기 이전까지만 해도 우리나라 기업의 설비투자는 거의 매년 두 자릿수 증가율을 유지했었다. 특히 2년마다 수조 원의 투자금이 소요되는 반도체 산업과 같은 위험한 사업에도 과감히 투자할 수 있었다. 그러나 2000년대 들어 주주중시형 기업지배구조가 자리를 잡게 되면서 장기 투자가 사라지고 설비증설 투자 자체도 크게 줄어들기 시작했다. 분기별로 양호한 영업 성과를 내서 주주들에게 많은 배당을 하고 자신들도 경영진으로서 더 오래 자리에 머물고 싶은 유혹을 받게 되었기 때문이다. 그래서 장기 투자보다는 단기에 성과를 낼 수 있는 곳에 투자를 하려는 생각을 하게 된다. 그러다 보면 임기 내에 투자 성과를 낼 수 없는 장기 투자에는 관심을 갖기가 어렵다. 이같은 경영 관행이 지속되다 보면 기업의 지속가능성을 확보하기가 그만큼 어려워지게 된다.

기업이 장수하려면 당장 돈을 많이 버는 캐시카우Cash Cow 산업도 영위해야 하지만 이들 산업이 오래지 않아 사양산업으로 전락할 것이기 때문에 연구개발 등 장기 투자나 신수종(新樹種) 사업 육성을 통해 미래 캐시카우를 만들어 가는 일도 병행해야 한다. 그래야 기업은 지속가능한 발전을 할 수 있게 된다. 하지만 임기가 2~3년밖에 안 되는 전문경영자들이 장기 연구개발투자에 관심을 가질 수 있을지는 의문이다. 예컨대, 투자가 결실을 맺는 데 10년 이상이 소요되는 신약 개발에 있어서는 경영진의 짧은 임기가 큰 걸림돌로 작용할 수 있다. 인공지능 시대가 도래하기 이전에는 신약 개발에 있어 3년은 임상1상도 끝내기 어려운 기간이다. 신약 개발 과정에서 실패의 반복은 자연스러운 일이다. 이로 인해 주식이 증권거래소에 상장되어 대주주의 지분율이 낮은 기업들은 신약 개발과 같은 장기 투자와 관련된 의사결정이 쉽지 않게 된다. 오너경영 체제가 아니었다면 우리나라에서 반도체 산업은 뿌리를 내릴 수가 없었을 것이다.

장수 기업들을 살펴보면 주식이 공개된 기업은 그리 많지 않다. 오히려 비공개 가족기업인 경우가 많다. 대다수 상장기업이 그렇듯이 단기 업적주의 기업문화에서는 장기 투자의 실패를 용인하기 쉽지 않기 때문이다.

일본 홋카이도현 아사히가와시에 소재한 아사히야마 동물원의 경우 어려운 환경 속에서도 잘 준비된 실패를 용인하고 격려해 주는 리더십과 조직문화 덕택에 폐원 위기를 극복하고 세계 최고 수준의 동물원으로 발돋움할 수 있었다. 이 동물원이 오지에 소재하고 동물 분뇨 등에서 나는 냄새 등 열악한 동물원 근무 환경 때문에 이곳에 와서 CEO로 일하고 싶어 하는 공무원이 거의 없었다. 이 덕분에 이 동물원 직원 출신 마사오 원장은 12년간 CEO로 재직하면서 장기 비전을 세워 일관되게 투자를 하고 학습조직을 만들어 준비된 실패를 격려하며 직원들의 창조적 혁신 활동을 뒷받침할 수 있었다.[17]

17) 이병욱, 『아사히야마 동물원에서 배우는 창조적 디자인 경영』, 국일미디

하지만 대다수 공기업이나 대주주의 지분율이 낮은 상장기업과 같이 진정한 의미의 주인이 없는 기업의 경우에는 주주이익 배당정책을 중시하는 단기 업적주의 경영에 역점을 둘 수밖에 없어 지속가능한 장기 투자를 기대하기 힘들 것이다.

어, 2008년.

② 잘 준비된 실패조차 용인하지 못하는 조직문화

'인내'의 원칙

"나는 그다지 똑똑한 사람이 아니다.
실수도 하지만 더 이상 나올 실수가 없을 때까지
붙들고 늘어진다." 해법은 실수에서 배우고 이를
되풀이하지 않는 것이다. 인생이라는 경주에서는
가장 빠른 자가 이기는 것이 아니라
실패한 그 자리에서 가장 빨리
일어나는 자가 승리한다.

― 게리 헤빈, 「실행하지 않기 때문에 성공하지 못하는 것이다」
(잭 캔필드의 『내 인생을 바꾼 한 권의 책』 중에서)

주인이 없고 공공성이 강한 조직에서는, 그리고 관료화된 조직에서는, 아무리 유능하고 성과를 내는 경영자일지라도 한 번의 실수를 하면 그 자리를 내놓아야 하는 것이 일반적인 현상이다. 그래서 사기업의 경영진보다 공기업의 경영진들은 보수적이고 장기적인 투자에 소극적이다. 그들은 임기 동안 대과 없이 지내다 가면 그만이라는 생각을 하는 경향이 있다. 설령 주인의식을 갖고 소신껏 기업 발전을 위해 열정적으로 일하는 경영자가 없지는 않겠지만 이런 분들의 말로는 정권이 바뀌면 위험에 처하는 경우가 적지 않다. 그 대표적인 사례가 한국마사회(KRA)회장으로서 공기업 경영평가에서 연속 최우수 등급 평가를 받았던 현명관 회장이었다. 임기 3년을 마친 후 그다음 정부에서 20여 차례의 감사나 검찰수사를 받는 수모를 겪어야만 했다.

공공 기관에 근무하다가 민간기업이나 경제단체의 CEO로 일하던 분들 중에는 편 가르기를 하는 분들이 적지 않다. 이러한 분들이 머물다간 조직은 대부분 정체되거나 퇴보하는 결과를 낳는 사례가 많다. 대다수 주인 없는 조직이나 기업이 지속적으로 성장하지 못하고 갈지자 행보를 보이고 주가가 장기간 정체되는 이유는 조직구성원의 능력이 모자라서가 아니다. 많은 경우 CEO가 편 가르기를 하면서 자신과 다른 생각이나 언행을 하는 구성원들을 용인하지 못하기 때문이다. 그래서 기업의 구성원들은 장기 투자보다는 이벤트성 사업이나 해서 경영자의 마음에 드는 사업만 하려고 한다. 중요하지만 윗사람의 눈에 보이지 않고 장기간에 걸쳐 투자해야 성과가 나는 사업들은 아예 미루거나 포기하려는 경향이 있다. 이러한 조직들은 성장을 기대할 수도 없고 주가 상승 또한 기대할 수도 없다.

100년 이상 장수한 글로벌 제약회사들의 조직문화 속에는 실패를 격려하는 문화가 자리하고 있음을 주목할 필요가 있다. 혁신하려는 조직에서는 실패를 공유하는 문화가 중요하다. 사람들은 성공사례에서 배우기보다는 실패에서 더 많이 배운다.

기업은 굴러가는 자전거와 같다. 계속기업Going concern으로서 기업은 눈앞의 이익보다 중장기 이익을 추구하며 경영에서 나타나는 리스크를 다양한 시도를 통해 줄여나가야 한다. 단거리 경주 선수는 호흡을 참고 전속력으로 달리지만 마라톤 선수는 호흡을 길게 하며 천천히 달린다. 인생이든 기업이나 국가든 장거리 마라톤 선수와 같이 긴 호흡을 하며 일정한 속도로 달려가야 한다. 그래야 오랫동안 지치지 않고 목적지에 다다를 수 있다.

③ 지배구조 불안정과 대리인 문제Agency Problem

오늘날 인수합병M&A은 거의 매일 일어나는 기업의 매매수단이다. 경쟁자나 비우호적인 국가 기업들의 인수합병에 노출되어 남의 손에 넘어가거나 시장에서 사라지는 기업 사례가 빈발하고 있다. 기업이 지속가능한 발전이나 생존을 위해서는 이러한 적대적 M&A 등으로부터 경영권을 지켜내고 장기 투자 등을 통해 지속가능한 성장을 이룩해야 한다. 기업은 경영권 유지에 필요한 지분의 확보는 물론 우호적인 주주들과의 관계를 유지하는 것이 중요하다.

대주주의 보유 주식지분율이 낮고 주식이 수많은 소액주주들에게 분산되어 있는 기업의 경우 경영진은 자신들의 사적 이익을 추구하기 위한 활동을 지능적으로 하는 경우가 늘어날 수 있다. 이러한 경영진의 주주 이익을 해치는 행위로 인해 대리인 문제Agency problem가 발생하게 된다.

이러한 대리인 문제를 기업 자체적으로 정화할 수 있는 시스템이 제대로 작동하지 않는 경우 즉 기업 지배구조가 낙후된 경우에는 기업의 지속가능한 발전은 기대하기 힘들다.

기업 지배구조 설계에 있어 중요 고려사항의 하나는 주주의 대리인인 경영진의 대리인 비용을 최소화하는 것이다. 좋은 지배구조를 가진 기업은 견제와 균형의 원리가 제대로 작동되고 자정 능력을 갖추고 있어 기업조직에 만연될 수 있는 도덕적 해이를 방지하는 데 큰 기여를 하게 된다.

대리인 비용과는 다소 다르긴 하지만 지속가능성 차원에서 조심해야 할 것 중 하나는 후임자나 후대와의 연속성을 유지하는 문제이다. 경영자나 기업의 다른 구성원들이 후임자나 후대가 타고 넘을 사다리를 끊는 일이나 후임자가 자신을 전임자와 지나치게 차별화하는 일은 기업 현장에서 흔히 발생한다. 최고경영자가 바뀌면 전임자는 자신이 하던 일을 폐기하려는 성향을 보이기도 하지만 후임자의 경우에도 전임자의 것을 모두 바꾸려는 성향을 보이는 경우가 많다. 그러다 보니 장기 지속가능발전 차원에서 승계하여 추진하면 좋은 사업들조차 중도에서 폐기하여 자원을 낭비하는 사례가 많다. 이러한 현상은 사기업보다는 공기업에서 많이 벌어지지만, 민간기업의 경우도 전문경영자가 자신의 연임 등을 위해 장기 기업 발전보다는 전임자와의 차별화에 관심을 보이는 경향 또한 적지 않다. 이러한 경영진의 행태를 기업 내부 시스템에 의해 걸러내는 실효적 수단이 없는 기업들은 지속가능한 성장을 기대하기 힘들다.

4 과거의 성공에 안주하는
   폐쇄적이고 배타적인 조직문화

기업 세계에 영원한 승자란 없다. 마이크로소프트, 구글, 월마트, 아마존, 페이스북과 같은 세계적 초우량기업이라 하더라도 언젠가는 남의 손에 넘어가거나 소멸되게 마련이다.

125년 전통을 이어가던 미국의 유통 기업인 시어스 백화점의 파산에서 우리는 많은 교훈을 얻을 수 있다. 시어스의 몰락과정을 보면 외부의 경쟁자가 출현하였음에도 과거의 성공에 안주하며 자기들이 즐겨 사용하던 종전의 판매방식을 고집하였다. 외부의 경쟁자는 없다는 식의 자만심을 품은 채로 외부의 환경 변화를 읽지 못하고 내부 경영진 간 권력투쟁에만 골몰하다가 할인 마트나 월마트와 같은 경쟁자들의 출현으로 몰락하고 말았다.

이같이 한때 잘 나가던 기업이나 조직들이 과거의 성공에 취해 쇠락하는 사례는 흔히 볼 수 있다.

125년 전통 미국 유통 1위 기업, 시어스(Sears) 백화점 파산의 원인

125년 역사의 미국 백화점 체인 시어스(Sears)가 연방파산법 11조(chapter 11)에 따른 파산보호 신청을 했다. 시어스의 몰락은 1980년대에 시작되었다고 해도 과언이 아니다. 우선 판매 방식 변화에 적응하지 못하고 과거의 성공 방식에 안주하였다. 시어스가 한창 잘나가던 1960~1970년대 매출 대부분은 카탈로그 비즈니스 중심으로 이루어졌다. 상품 목록을 전국 신청자에게 우편으로 보낸 뒤 우편으로 주문을 받아 물건을 배달해 주던 판매 방식이다. 당시 시어스는 식료품 외에 모든 걸 판다는 사실을 강점으로 내세웠다.

전문가들로부터 '무적의 기업'이라고 평가받던 시어스는 90년대 들어 카탈로그 판매가 인기를 잃기 시작했으며, 매출은 감소하기 시작하였다. 당시 시어스는 기존 지점에서 매출을 늘리기보다 새로운 매장을 여는 방식으로 매출 확대를 도모하였다. 종전의 성공 방식에 안주하는 실수를 범한 것이다.

또한 내부 소통구조와 조직문화에 문제가 있었다. 시어즈 내부에서 임원 간 벽이 생기고 정치조직처럼 움직였다. 1973년 시어스는 108층의 세계 최고 빌딩을 시카고에 세울 정도로 사세가 대단했다. 잘나갈 때 조심하라는 교훈을 잊고, 내부에서 경영진 간에 매출과 상관없는 주도권 다툼을 벌이느라 경영을 소홀히 하였다.

셋째, 시어스는 유통업계에서 경쟁자가 나올 수 없다는 자만심에 빠졌다. 시어스 경영진의 가장 두려운 경쟁자는 바로 그들 자신이었다. 그들은 누구도 자기네가 우려할 만한 경쟁 상대가 되지 못한다고 생각해왔다. 하지만 영원한 승자는 없다. 시차가 날 수는 있을지라도 경쟁자는 반드시 출현하기 마련이다. 그들의 아성은 케이마트, JC페니 등 할인점이 들어서고, 월마트가 성장하면서 무너지기 시작했다.

출처: 주요 포털 사이트 및 일간지 참조

잡종강세이고 순혈주의는 망한다. 동성동본 사이에 혼인을 하지 않는 것도 비슷한 이치다. 기업도 마찬가지이다. 특정 학교와 특정 지역 출신이나 혈연을 중심으로 인적자원을 활용하는 기업은 일정 수준 이상 성장하기 어렵고 오래 살아남지도 못한다. 일본의 최장수 기업이었던 금강조가 1500년 이상 살아남을 수 있었던 데는 경영권 승계 시 혈연보다는 능력을 중시했던 경영철학도 한몫을 한 것으로 알려지고 있다.

기업의 구성원들은 기득권 유지를 위해 외부 전문가 등의 영입을 꺼리며, 우물 안 개구리 식으로 폐쇄적 조직문화를 구축하고 기득권을 유지하려는 성향을 보이는 경우가 많다. 이같은 폐쇄적인 조직운영 행태로는 기업의 지속가능한 발전을 기대할 수 없다.

예컨대 강성노조들이 있는 대기업의 경우 정규직 세습 고용이 21세기에도 버젓이 행해지고 있다. 전문경영자들은 노조와의 마찰을 피하기 위해 이를 눈감아준다. 하지만 이러한 기업들은 지속가능한 발전을 기대할 수 없다. 많은 국내 기업인들이 사업장을 해외로 옮기고 싶어 하는 이유 가운데 하나가 이러한 잘못된 고용 관행 때문이다. 이러한 고용 행태의 최대 피해자는 미래세대인 청년들이다. 우물 안 개구리 식으로는 우수 인재를 확보할 수 없어 조직이 오래갈 수 없다. 고객과 시장이 외면하고 정부 등 이해관계자가 외면하는 기업은 오래 살아남을 수 없다.

5 갑질 문화, 인권존중 의식의 부족

기업인이나 고위 임원들이 공항이나 공공장소는 물론 사적 공간에서의 신중치 못한 언행과 갑질 행위로 국민적 공분을 사는 일이 종종 발생한다. 오늘날은 고객 감동 경영의 시대이다. 고객에 대한 배려는 인간존중의 사상이 뼛속까지 배어 있을 때 고객들은 배려에 대한 진정성을 느낄 수 있다. 직장 내에서나 하도급 업체 등 거래적 약자들에게 우월적 지위를 남용하는 기업의 행위도 고객은 용납하지 않는다. 기업의 갑질 행위나 인격 모독 행위 등에 대해서는 소비자들이 집단 불매운동으로 응징한다.

위디스크(주) 양진호 회장의 직원 폭행 사건이 세상에 알려진 이후 직장 내 괴롭힘을 막기 위해 이른바 '양진호 방지법'이라 불리는 근로기준법 개정안이 2018년 12월 말 국회를 통과했다. 하지만 법안 통과 후 얼마 지나지 않아 '디지털 소멸 분야' 최고 권위자로 꼽혔던 마커그룹 송명빈 의장이 직원을 잔인하게 폭행하고 협박한 사실이 드러나 직장 내 갑질이 동 회사의 존립을 위태롭게 만들었다.

'첨단 사업'으로 꼽히는 IT업계에서 이 같은 '전근대적' 폭행 사건이 반복적으로 발생하는 것은 '오너가 회사의 주인'이며 근로자에게 일방적인 희생을 강요하는 스타트업 관행 때문이라는 것이 전문가들의 지적이다. 바닥이 좁은 IT업계에서 살아남으려면 좋은 평판을 얻어야 하는 피고용자 입장에서 이러한 고용주의 갑질을 감내해야 한다는 인식이 만연해 있다. 이같이 굳어진 수직적 상하 관계, 프리랜서 등 만연한 비정규직 고용 및 하청 구조가 갑질 고용 관행을 낳은 것이란 분석이다. IT업계 종사자들의 무조건 참는 태도도 일련의 사건을 계기로 바뀌고 있다. "성공을 위해 필요한 과정인 줄 알았다. 돌이켜보면 사이비 종교에 빠진 것 같다."라는 한 IT업체의 20대 애플리케이션 디자이너의 고백은 시사하는 바가 크다.

IT벤처업계의 부당노동 관행 및 인권침해 사례

대학을 휴학하고 군 입대도 미룬 채 20명 정도의 동료들과 숙소 생활을 했다. '월급을 받을지, 지분을 받을지' 선택하라는 회사대표의 강요와 "지분을 받으면 스타트업 회사의 창립 멤버가 되지만, 월급을 받으면 일용직 노동자로 대하겠다"는 설득에 넘어가 월급 대신 지분을 택해 2년 반 동안 하루 평균 13~18시간 일하며 받은 월급은 단 15만원이다. "회사가 감옥 같았다. 회사에서 먹고 자면서 친구나 가족과 연락이 끊겼다. 직원들은 서로를 감시했다. 조금만 쉬어도 사내에서 문제가 됐다. 쉬다 걸리면 자아비판을 해야 했다. 대표는 "성공하려면 개인 삶을 줄여야 한다. 지분 분배를 다시 고려하겠다."라고 협박했다. 집으로 도망칠 수밖에 없었다. "회사는 부당한 일을 '성공을 위한 고난'으로 포장했다. 버티지 못하면 성공하지 못할 거라고 세뇌했다. 많은 개발자들이 이런 말에 속아 '갑질'을 견딘다.

양도수 씨는 지난해 하이마트 시스템을 관리하는 하청업체 소속으로 일했다. 업무 지시는 원청업체 직원들이 했다. 양 씨는 원청 직원들의 퇴근 시간 이후 업무 지시 등을 항의했다. 원청 직원들은 무리한 개발 일정에 따라 발생한 업무상 문제의 책임도 양 씨에게 전가했다. 그러자 원청 측 팀장과 매니저가 욕을 하며 양 씨를 폭행했다. 양 씨는 "원청 직원들은 '난 잘 모르겠고, 내일까지 해놔'라는 식으로 업무 지시를 한다. 정보기술(IT)업계에서 원청 기업 갑질이 일상화돼 있다.

프리랜서 유모 씨는 한국후지쯔에서 시스템 관리업무를 담당했다. 어느 날 회사는 일방적으로 계약 종료를 통보했다. 유 씨는 e메일로 계약 종료 사유를 물었다. 그러자 회사 대신 유 씨를 후지쯔에 소개한 인력업체, 이른바 '보도방'에서 연락이 왔다. "IT업계는 바닥이 좁고 '블랙리스트'가 있다. 모든 화는 당신에게 돌아간다."라고 협박했다.

출처: 한국정보통신산업 노동조합 외

일부 IT벤처업계에 만연한 갑질 피해 사례를 보면 근로자에게 일방적인 희생을 강요하는 분위기 속에 갑질 문화는 비정규직 고용 등과 복잡하게 얽혀 있다.

IT 노조와 이철희 더불어민주당 의원실이 2018년 11월 503명의 IT 종사자들을 대상으로 실시한 노동실태 조사를 보면, 응답자 중 약 42%가 업무 중 언어 폭력을 당했고, 약 4%는 신체적 폭력도 경험했다. 절반 이상이 "자살 충동을 느낀다"라고 응답했다.

이 밖에 정규직 대신 프리랜서 등 비정규직 고용이 늘어나면서 피해자들이 '갑질'에 제대로 저항하지 못하고 있다. 또한 끝없는 하도급 구조라서 원청업체로부터 4~5개 단계를 내려가면 원래 예산이 반토막나는 구조가 큰 문제이다. 이어 "제일 마지막이 이른바 '보도방'이라 불리는 인력소개 업체인데 프리랜서들이 이곳에서 일을 얻다 보니 월급을 받지 못하거나 피해를 입어도 원청업체는 책임지지 않는 구조이다.

이같이 직장 내 괴롭힘 금지가 근로기준법에 규정돼 있기 때문에 근로계약 대신 프리랜서 계약을 하는 IT 노동자 상당수가 보호받지 못하고 있다. 또한 사용자가 직장 내 괴롭힘에 대해 적절한 조치를 취할 의무는 있지만 위반 시 형사처벌 등 불이익이 없어 실효성이 떨어진다. 프리랜서는 근로관계에 따른 종속성이 없고 노동법규 역시 적용받지 않는다. 이 경우 발주자나 사용자는 근로기준법·최저임금법 등에서 정한 각종 의무를 준수하지 않아도 된다.

기업의 가장 소중한 자산은 인적자원이라는 인식과 기업 구성원을 인격적으로 가족처럼 대우하고 소통할 때 시장의 축소판인 내부고객은 물론 소비자들도 기업을 신뢰하게 된다. 회사가 인간을 소중히 모시는 진정성 있는 기업임을 소비자들이 자각할 때 오랫동안 그 기업의 충성고객으로 머물게 되는 것이다.

6 조급하게 서두르는 조직문화

한 유명한 신학자는 인간이나 조직이 범하는 실수 중에 가장 많이 저지르는 실수는 시간을 정해 놓고 조급증에 빠져 서두르는 것이라고 말한다. 물론 생명을 다투는 일이라든지 당장 하지 않으면 큰 손실을 초래하는 일 등과 같이 시간을 다투는 일도 많이 있지만, 그와 다르게 자신이 일방적으로 기한을 정해 놓고 그 안에 일을 마쳐야 한다고 다그치면서 자원과 시간을 낭비하거나 대사를 그르치는 일 또한 비일비재하다. 좋은 사업이나 정책이지만 일방적으로 시한을 정해 놓고 조급하게 추진하다가 실패하거나 또 다른 부작용을 초래한 사례가 우리 주변에 널려 있다. 4대강 사업이나 탈원전 정책이 그러한 예라 할 수 있다.

경영층이 일방적으로 시한을 정해 놓고 사업이나 프로젝트 등을 추진하는 것은 지속가능발전 차원에서 많은 문제가 있다. 우선 사업성이나 당위성에 대한 충분한 검토와 검증을 해야 하는데 상부에서 시한을 일방적으로 정하게 되면 사업 추진상 걸림돌이나 제약요인의 검토를 소홀히 할 가능성이 많다. 사업추진에는 소비자를 포함해 많은 이해관계자들이 있다. 이들의 의견을 조사하고 충분히 수렴해야 할 때가 있다. 특히 전례 없는 사업을 추진하는 경우는 사전 준비 기간이 충분히 고려되어야 한다. 사업 추진 후의 성과에 대해서도 기회비용 관점에서 측정하고, 동 사업이 지속가능발전에 도움이 되는지와 사업의 추진 성과가 후대에 이루어지는 것이면 단기 이익을 추구하는 주주 등 반대하는 층의 의견 등에 대해서도 경청하고 당초 계획을 보완하는 여유를 가져야 한다. 공항 건설 등 국가 및 공공부문에서 대규모 SOC사업을 추진하기에 앞서 예비적 타당성 검토를 의무화하는 것 또한 이러한 원리에서 도입된 것이다.

조급한 의사결정은 공기업은 물론 사기업에서도 빈번히 발생하는 현상이다. 특히 경영진의 인사가 잦거나 주인의식이 희박한 기업일수록 조급증에 빠지기 쉽다. 단기간에 업적을 내서 그 자리에 오래 머물고 싶은 유혹 때문일 것이다. 큰 기업의 부문별 최고책임자들의 경우에도 전임자가 해오던 사업이나 프로젝트라면 아무리 성과가 나고 잘해온 것이라도 후임자로서 계승하고 발전시키기보다는 이들 사업을 서둘러 축소하거나 중단시키려는 경향을 보인다. 이 같은 현상 때문에 임직원들은 단기간에 성과를 낼 수 있는 사업을 선호한다. 많은 사전 검토를 요하는 장기 투자 사업은 기피한다. 이같은 결과로 CEO의 재임 기간이 긴 기업일수록 기업의 성과가 좋고 장수하는 기업이 상대적으로 많은 편이다.

국내 기업 가운데서는 삼성그룹과 SK그룹의 대표이사 등 고위 경영진의 재임 기간이 다른 상장기업의 대표이사 평균 재임 기간보다 길다. 국내 기업보다는 미국 등 선진국 기업의 CEO의 재임 기간이 훨씬 더 길다. 예컨대 세계적 다국적 기업인 GE의 잭웰치와 이멜트 두 CEO는 도합 37년 넘게 최고 의사결정자의 임무를 수행하였다.

⑦ 연대와 협력을 저해하는 과도한 경쟁

'과유불급', 즉 과하면 아니함만 못하다는 뜻의 사자성어가 있다. 경쟁도 지나치면 성과가 떨어지고 오히려 문제를 낳는다. 어느 조직에나 어느 정도의 경쟁은 조직 구성원들의 생산성을 높이고 상호 발전을 촉진하는 촉매제 역할을 하게 된다. 하지만 한국 사회에서와 같이 경쟁이 지나치게 벌어지면 당초 기대했던 효율성 제고는 사라지고 개인의 이기심만 자극하게 되어 조직 내 협동의식이 사라지고 그룹 시너지 또한 거둘 수 없게 된다. 나아가 조직의 발전을 오히려 저해하는 요인으로 작용하게 된다. 따라서 조직 내 경쟁을 유도할 때는 전체 구성원의 협력을 최대한 이끌어내면서도 개인과 조직이 모두 발전할 수 있는 정도와 방향으로 추진해야 한다. 이를 위해서는 기업 구성원의 의견을 충분히 수렴하고, 인재의 채용 과정은 물론 평가-보상-승진 시스템의 전 단계에서 경쟁 정책에 대한 일관성을 유지할 수 있도록 해야 한다.

예컨대 구성원 간 성과에 따른 인센티브에 차이를 두되, 경쟁의 실패자나 낙오자에 대해서도 어느 정도 보상과 함께 재기할 수 있는 교육훈련 프로그램 등을 제공하여 재도약의 기회를 주어야 한다. 현재 낙오자들에 대한 디스인센티브 제도를 완화하여 근로자들이 최소한의 자존감을 유지하며 살아갈 수 있도록 배려할 필요가 있다. 특히 조사 연구직인 경우는 더욱 그렇다. 벨기에 겐트대학의 인천 송도 분교 유치와 관련하여 본교 인터뷰 및 현장 조사를 갔을 때 우연히 동 대학부총장과 대화를 나누던 중에, 평가시스템 문제로 교수들 간에 협조 관계가 약화되고 자신들의 성과에만 관심을 갖게 되어 교수진의 평가시스템을 종전대로 회귀시킨 사례가 있었다고 들은 적이 있다. 당시 겐트대학도 교수 간에 성과급 차이를 크게 두었더니 교수 간에 협력과 공동연구가 줄어들고 분위기가 삭막해지더라는 것이다. 그래서 그 제도를 시행한 지 얼마 지나지 않아서 본래대로 되돌려 놓았다고 한다.

많은 기업들이 경쟁을 촉진하는 방향으로만 조직의 평가 및 보상 시스템을 바꾸려는 경향이 있다. 하지만 구성원 간의 경쟁의 정도가 조직의 시너지를 내는 데 방해가 되거나 부정적 영향을 줄 수 있다면 그 평가·보상 시스템은 과감히 재정비할 필요가 있다.

부서 간의 경쟁 유도 또한 부서 등 집단 간의 경쟁과 협력을 조장하는 방향으로 추진해야 한다. 지나친 부서 간 경쟁은 부서 간 장벽만 높여 구성원 간 소통과 단합을 저해하고 전체 조직의 시너지를 떨어뜨릴 수 있다.

8 도덕적 해이의 만연

동서고금을 막론하고 도덕적 해이는 거의 모든 조직에서 흔히 나타나는 현상으로 보인다. 2000년 전에 예수님은 제자들에게 약아빠진 집사의 비유를 들어 말씀하셨다. 어떤 부자가 집사를 두었는데, 이 집사가 자기의 재산을 낭비한다는 말을 듣고, 집사 일을 그만두라고 명령한다. 그러자 집사는 땅을 파자니 힘에 부치고 빌어먹자니 창피한 노릇이니 내가 집사 자리에서 밀려나면 '사람들이 나를 저희 집으로 맞아들이게 해야지.'라고 생각하고는 빚진 사람들을 불러 빚의 일부를 탕감해 주었다는 얘기였다.

이 약아빠진 집사가 보여준 도덕적 해이 현상은 오늘날에도 다양한 형태로 벌어지고 있다. 예컨대 친인척에게 일감 몰아 주는 것은 물론 회사 기밀이나 기술을 빼돌려 해외 경쟁기업에 팔아먹거나 그 회사의 고위직으로 자리를 옮겨가는 임직원들의 행태도 성경 속 사례와 유사한 도덕적 해이이다.

거래장부를 조작해 공금을 착복하거나 가짜 영수증이나 부풀린 영수증을 이용해 회사공금을 빼돌리는 것도 또 다른 형태의 도덕적 해이 현상이라 할 수 있다.

성경 속 약은 집사의 도덕적 해이 사례(루카복음 16,1-8)

예수님께서 제자들에게도 말씀하셨다. "어떤 부자가 집사를 두었는데, 이 집사가 자기의 재산을 낭비한다는 말을 듣고, 그를 불러 말하였다. '자네 소문이 들리는데 무슨 소린가? 집사 일을 청산하게. 자네는 더 이상 집사 노릇을 할 수 없네.' 그러자 집사는 속으로 말하였다. '주인이 내게서 집사 자리를 빼앗으려고 하니 어떻게 하지? 땅을 파자니 힘에 부치고 빌어먹자니 창피한 노릇이다. 옳지, 이렇게 하자. 내가 집사 자리에서 밀려나면 사람들이 나를 저희 집으로 맞아들이게 해야지.' 그래서 그는 주인에게 빚진 사람들을 하나씩 불러 첫 사람에게 물었다. '내 주인에게 얼마를 빚졌소?' 그가 '기름 백 항아리요.' 하자, 집사가 그에게 '당신의 빚 문서를 받으시오. 그리고 얼른 앉아 쉰이라고 적으시오.' 하고 말하였다. 이어서 다른 사람에게 '당신은 얼마를 빚졌소?' 하고 물었다. 그가 '밀 백 섬이오.' 하자, 집사가 그에게 '당신의 빚 문서를 받아 여든이라고 적으시오.' 하고 말하였다. 주인은 그 불의한 집사를 칭찬하였다. 그가 영리하게 대처하였기 때문이다.

사실 이 세상의 자녀들이 저희끼리 거래하는 데에는 빛의 자녀들보다 영리하다."

OECD 회원국 가운데 우리나라에서 유독 도덕적 해이 현상이 심하게 나타나는 이유는 무엇일까? 아마도 학연, 지연이나 혈연 중심으로 모이고 의사결정을 하기 때문이 아닐까 생각한다. 또한 거래 관계에 있어 파는 사람과 사는 사람 간에 정보의 비대칭이 심한 영역이 많기 때문이라는 생각도 든다. 이같은 이유들로 해서 한국 사회는 도덕적 해이가 상대적으로 심하며 이로 인한 공정성 훼손과 불신으로 공동체 전체의 사회적 거래 비용이 크고 지속가능한 발전에 걸림돌이 되고 있는 것이다. 밀실에서의 결정이 많고, 내로남불(내가 하면 로맨스이고 남이 하면 불륜이다.)과 편 가르기가 심한 편이다. 이러한 현상은 한국 사회에 도덕적 해이가 심각한 수준임을 상징적으로 보여주는 것이다.

도덕적 해이(Moral hazard)란 정보를 가진 측이 정보를 가지지 못한 측의 이익에 반하는 행동을 하는 경향을 의미한다.

도덕적 해이(Moral hazard)에 대한 이해

도덕적 해이(moral hazard)는 도덕적 위험 또는 '도덕적 위해(危害)'로 불리기도 하는데 이는 17세기 영국의 보험산업에서 유래하였다. 19세기에는 피보험자(가입자)의 비도덕적 행위를 일컫는 말로 사용되었다. 1960대에는 경제학자인 케네스 애로우(Kenneth J. Arrow)가 그 개념을 정립하였다.

도덕적 해이는 '정보의 비대칭성(information asymmetry)'이 심한 곳에서 많이 발생한다. 예컨대 의사와 환자 사이에 존재하는 정보의 비대칭성이 도덕적 해이를 야기하여 의료보험의 효율적 운용을 저해한다. 정보의 비대칭성이란 경제행위에서 거래 당사자들이 가진 정보의 양이 서로 다른 경우를 말하는데, '숨겨진 정보(hidden information)'와 '숨겨진 행동(hidden action)'의 두 유형으로 구분한다. 전자는 거래 당사자의 특성이나 거래되는 상품의 품질에 대하여 한쪽만 잘 알고 상대방은 잘 모르는 상태이며, 그 결과로 부족한 정보를 가지고 있는 쪽이 불리한 선택을 하게 되는 역선택(adverse selection)을 초래한다. 후자는 한쪽의 행동을 상대방이 관찰

할 수 없는 상태이며, 그 결과로 정보를 잘 알고 있는 쪽이 최선을 다하지 않는 도덕적 해이를 초래한다.

주인(또는 본인)-대리인 문제(principal-agent problem)도 도덕적 해이의 전형적 현상이다. 주인과 대리인의 관계에서 주인은 자신이 모든 일을 직접 수행하기 어렵거나 과도한 기회비용 등 때문에 대리인에게 권한을 위임하여 일을 대신하게 한다. 이때 주인은 대리인의 행위가 자신의 이익에 부합하기를 기대하지만, 대리인에 관한 정보(개개인의 기술·생산성·근면성 등등)를 완전히 파악하기 어렵고 대리인이 어떤 행동을 취할지 정확히 알 수 없다. 이에 반해 대리인은 주인을 위하여 성실히 일하기로 암묵적 약속이 되어 있으나, 주인과 이익이 항상 일치하는 것은 아니다. 자신의 행동을 주인이 정확히 파악할 수 없다는 것을 아는 대리인은 자신의 이익을 추구하는 행동을 할 유인(誘因)을 갖게 되어 있다. 이때 대리인이 주인의 이익에 반하는 행동을 하는 상황을 '도덕적 해이'라고 한다.

도덕적 해이는 본래 보험과 관련한 용어로 출발하였으나 이후 개념이 확장되어 윤리적으로나 법적으로 자신이 하여야 할 최선의 의무를 다하지 않는 경우, 법과 제도적 허점을 이용하여 자신의 책임을 소홀히 하거나 집단적 이기주의를 나타내는 경우까지 포괄적으로 사용된다. 그 사례를 들면, 화재보험 가입자가 보험에 가입하기 전에는 화재 예방에 주의를 기울이다가 가입한 뒤에는 보험을 믿고 화재 예방 노력을 소홀히 하는 경우, 예금자가 예금보험제도(금융기관이 경영부실이나 파산 등으로 예금을 지급할 수 없을 때 제3자인 예금보험기관이 대신하여 예금을 지급해주는 제도)를 믿고 이율은 높지만 경영이 위태로운 은행에 예금을 하는 경우, 의사가 수입을 늘리기 위하여 과잉 진료를 하는 경우, 의료보험 가입자들이 보험이 없을 때보다 더 자주 병원을 찾는 경우, 주주의 이익을 대변하여야 할 기업 경영자가 자신의 이익을 우선하는 경우, 종업원이 고용주의 눈을 피하여 근무를 태만히 하는 경우 등이 도덕적 해이에 해당한다.

주식회사에서 주주와 경영진 사이에서 발생하는 대리인 문제Agency problem가 대표적인 도덕적 해이의 한 유형이다. 즉 대리인인 경영자나 임직원이 주인인 주주나 주 의사결정자의 이익에 부합하지 않는 방향으로 행동하는 것이다. 주인인 국민의 대리인인 정치인이나 공직자들이 도시개발계획 등 비대칭적인 정보를 이용하여 사적 이익을 추구하는 등의 일탈 행위도 전형적인 도덕적 해이 사례이다.

자기 행동이 상대방에 의해 정확하게 파악될 수 없다는 것을 아는 대리인들이 자신들의 이득을 추구하는 행동을 할 유혹을 받게 된다. 그 결과 상대방, 즉 주인의 이익에 반하는 행동을 할 수 있다. 도덕적 해이는 주인과 대리인의 관계에서 주로 나타나지만, 비대칭 정보 등으로 감추어진 행동이 드러나지 않는다고 믿는 상황이면 어디에서든 나타날 수 있다. 정보를 가진 측은 정보가 없는 측에서 보면 바람직하지 못한 행동을 취하는 경향이 있는데, 이와 같은 행동이 나타날 때 도덕적 해이가 일어난다. 도덕적 해이라는 표현을 썼다고 해서 그와 같은 행동을 하는 대리인을 도덕적으로 비난하는 것은 아니다. 다만 주인의 이익을 위해 최선의 노력을 다하겠다는 명시적이거나 암시적인 약속이 있었음에도 그렇지 못한 행동을 할 수 있다는 의미를 담고 있다.

도덕적 해이는 공동작업이나 생산 현장에서 발생할 소지가 많다. 여러 사람이 함께 노동력을 투입하여 일정한 성과를 낼 수 있는데 각 개인이 기여도를 파악할 수 없는 경우에는 각 참여자의 기여 정도가 식별되지 않기 때문에 남들이 열심히 일하는 동안 적당히 놀다가 나중에 최종 성과물의 분배에만 참여하려는 무임승차 유혹이 존재한다. 이런 상황에서는 대다수 참가자들은 열심히 일하지 않고 성과도 미미하게 되는 죄수의 딜레마prisoner's dilemma 현상이 나타날 수 있다.

도덕적 해이의 해결방안은 우선 사회 전반의 투명성을 높이고 정보의 비대칭 현상을 해소하려는 노력이 중요하다. 또한 계약 체결 문화를 개선하고 보상체계의 지속적인 개선 노력이 필요하다. 예컨대 고용주와 피고용인의 관계에서는 개인별 성과의 측정과 성과에 따른 보상을 더 철저히 하는 방향으로 보상체계 개선이 필요하다. 성과급제가 아닌 단일호봉제 등을 채택하는 기업에서 도덕적 해이가 발생할 가능성이 매우 높다. 즉, 업무 성과가 좋으면 높은 임금과 상여금을 지급하고 업무 성과가 나쁘면 낮은 임금과 상여금을 지급하는 것이다. 물론 낮은 업무 성과가 반드시 근로자의 태만으로 인한 것은 아니지만 업무 성과가 나쁠 경우 근로자가 태만했을 가능성이 높다면 성과급을 적절히 조정함으로써 피고용인의 노력을 유인할 수 있다.

물론 성과급제가 무조건 좋다는 것은 아니다. 실제 현실 세계에서는 고정된 임금제도를 유지하는 기업들이 적지 않다. 성과급 제도가 양 당사자에게 모두 좋을 수 있는데도 나름의 이유로 고정된 임금제도를 택하는 것이다. 우선 자신이 하는 일을 성실히 수행하는 데 대해 강한 긍지를 가지고 있거나, 일을 태만히 하는 데 대해 죄책감을 갖는 사람이 많은 조직에서는 반드시 성과급제를 채택할 인센티브가 크지 않을 수 있다. 또한 임금제도가 표면상 고정된 임금인 것 같아도 실제 내용을 보면 성과급제의 요소를 지니고 있다. 예컨대 어떤 피고용자가 일을 태만히 하다가 적발되면 승진에 불리해지거나 심한 경우 파면까지 당할 수 있다면 그의 임금은 결코 고정된 것이 아니다.

사립유치원에 이어 전국의 3000여 곳에 이르는 요양원 등 많은 곳에서 비리가 심각한 것으로 2018년 국정감사 결과 드러난 적이 있다. 경기도 한 요양원 원장의 경우 정부지원금으로 승용차를 몰고, 골프장을 드나들며, 수천만 원을 유용하였다. 심지어는 나이트클럽 술값과 해외여행 비용까지 요양원 운영비로 충당하였다. 또 다른 요양원 원장은 성형외과 진료비와 유흥비, 손자 장난감 구입 비용을 요양원 운영비로 쓴 것으로 드러났다. 이런 비리가 한국요양서비스노조의 고발로 드러났지만 보건복지부가 2018년 상반기 전국 1000개 민간시설을 조사한 결과 94%에서 부당행위가 적발되었다. 어르신 수발에 써야 할 세금이 새고 있는 것이다. 정부가 장기요양보험을 시행한 2008년 이후 10년간 한 번도 회계감사를 하지 않은 탓도 있지만 기본적으로 도덕적 해이가 만연된 우리 사회의 잘못된 풍토 탓도 크다. 노인복지를 위해 봉사한다는 명분하에 요양원을 돈벌이 수단으로 삼는 이들이 적지 않은 셈이다. 공적 재원을 공공이익에 맞게 사용하는 것이 아니라 사적 이익을 추구하는 수

단으로 악용하는 이들이 적지 않다. 이러한 형태의 도덕적 해이를 방지하기 위해서는 투명한 회계 처리 및 공개를 의무화하고 내부고발자Whistle blower제도의 활성화가 필요하다.

역사적으로 우리나라에서 도덕적 해이가 심각하고 가장 위중했던 때는 6.25 전쟁과 임진왜란 전후가 아닐까 생각한다. 6.25 전쟁 때는 당시 남·북한 인구 2,500만 명 중 18%인 450만 명이 사망하거나 다치는 피해를 입었다. 임진왜란 때는 전체 인구 500만 명 중 40%인 200만 명이 사망하거나 다쳤고, 20만 명이 포로로 잡혀갔다고 한다.

이러한 시기에도 나라를 위기에서 구한 영웅들이 있다. 도덕적 해이가 만연되어 있더라도 조직을 살릴 수 있는 걸출한 인재를 모시거나 키우는 일은 매우 중요하다. 예컨대 임진왜란 때 서애 유성룡 선생(1542~1607년)의 이순신 장군과 같은 인재를 보는 안목과 리더십이 아니었다면 당시 조선은 어떻게 되었을까 하는 생각이 들 때가 있다. 그는 이순신이 '지략이 뛰어나고 용맹하며 담력이 있음'을 알고 '문과 공부를 해서 급제를 하면 가문의 영광이겠지만 무과급제를 하면 조선의 영광'이라며 이순신을 무인으로 만들고, 임진왜란이 일어나자 선조에게 이순신을 전라 좌수사로 추천하여 임진왜란을 극복하는 계기를 만든 것으로 전해지고 있다. 유성룡은 퇴계 이황 선생에게서 "이 사람은 하늘이 내렸다. 장차 큰 인물이 되리라."하고 칭찬을 받았던 인물이다. 그는 퇴계 선생의 문하에서 수학한 지 7개월 만에 출사하여, 변덕과 감정의 기복이 심하고 신하보다 먼저 파천을 하자고 할 정도로 겁이 많은 선조

임금을 모시고 임진왜란 7년간 국가경영을 책임졌다. 이순신이 노량해전에서 아들 회에게 "내가 태어나 나라를 위해서 조금이라도 일할 수 있게 나를 추천해준 분은 '서애 류성룡'이고, 내가 죽음에 직면했을 때 내 목숨을 구해준 분은 '약호 정탁'선생이신데 내가 전쟁터에 있어 언제 죽을지 모르니 두 분의 은혜를 갚지 못하고 죽을 것 같다. 그러니 이 은혜는 후손들이 두고두고 갚아라."라고 유언을 남겨 지금도 후손이 해마다 두 분의 제삿날에 제관을 파견하고 있다 한다. 이렇듯 유성룡과 이순신 사이에는 '살아 50년, 죽어 500년의 우정'이 맺어진 셈이다.

아무리 잘나가는 기업이라도 언젠가는 구성원의 도덕적 해이 등으로 최소한 한두 번은 위기에 직면할 수밖에 없다. 이럴 때 오너나 주주를 대신해 기업이 위기를 극복해 재도약할 수 있도록 이끌어줄 경영진을 양성하는 것은 매우 중요하다.

⑨ 우물 안 개구리식 폐쇄적 조직문화

우물 안 개구리 식으로 조직을 운영하면 조직이 오래갈 수 없다. 기업 내부의 우수 인재도 활용해야 하지만 기업 밖의 수십 배 수백 배 많은 인재들을 직간접적으로 활용하지 못하면 그만큼 좋은 사업 기회를 놓치는 것이다.

우물 안 개구리 식으로 인재를 활용하게 되면 구성원의 무능을 치유하기 힘들다. 무능도 병이란 말이 있다. 실패하는 조직을 보면 지도자의 리더십 결여와 인재 영입에 문제가 많다.

미국의 사회학자 로렌스 피터는 사회 전반의 무능화는 필연적이고 보편적인 현상으로 파악한다. 어느 조직에서나 구성원은 역량의 한계점까지 승진한 뒤 무능한 상태로 남는다는 논리다. 그 유명한 피터의 법칙이다. 100의 능력을 가진 사람을 예로 들어보자. 필요 역량이 50, 60인 정도인 자리에 있을 때엔 매우 유능해 다음 단계로 승진한다. 능력에 꼭 차는 자리까지 무난히 오른다. 문제는 그다음이다. 110의 능력이 필요한 자리에 가는 순간 뭔가 모자라는 사람으로 돌변한다. 이때부터 이런저런 실책이 나온다. 이른바 종점 도달 증후군이다.

게다가 무능한 상사는 무능한 부하를 승진시키는 성향이 있다. 무능이 무능을 부르는 악순환(무능 스파이럴)이 작동한다. 그 탓에 시간이 흐를수록 자신의 역량이 종점에 도달해 무능한 상태로 눌러앉는 이가 많아진다. 무능의 축적이다. 이들의 비율과 그 조직의 효율은 반비례한다. 이념, 체제, 분야와 무관하게 나타나는 계층 조직의 병리 현상이다.

K그룹이나 L그룹처럼 특정 지역 인사들만으로 경영진을 구성하는 것도 기업 발전을 저해하고 기업을 위험에 빠트릴 수 있다. 특히 정치·사회적 변동이 심한 국가나 사회에서는 어느 지역 인사들이 정치권력을 장악하는지에 따라 기업경영에 심대한 영향을 줄 수 있다. 특정 지역 인사들로 경영진을 구성한 기업의 경우 사업 실적의 기복이 심하고 기업의 생사 문제에도 영향을 미치게 된다. 실제 한국에서는 특정 지역 경영진 중심으로 운영된 기업들의 경우 역사 속으로 사라진 기업들이 적지 않다.

우물 안 개구리 식 조직에서는 인재의 적재적소 배치 활용이 어렵다. 폐쇄적인 조직에서는 다양한 인재들이 모여 있기보다는 비슷한 성향의 평균적인 인재들끼리 모여 유유상종하기 때문에 선택의 폭이 좁다. 또한 현장형 인재가 적고 내부에서 인연을 중시하고 상부에 보고나 잘하는 관료형 인재들만 득세하여 미래지향적 사업을 추진하기가 쉽지 않다.

1994년 한국행정학자 100여 명을 경제단체가 주최하는 규제 완화 세미나에 초대해 일본 경제단체연합회 고위 임원의 초청 강연을 한 적이 있었다. 한 행정학자의 질문에 일본 경제단체 사무총장은 "일본 정부가 학자를 장관으로 안 쓰는 이유는 교수란 학생을 가르치는 것은 잘하지만 시민이나 이해관계자와의 갈등을 조정해 본 경험이나 지혜가 없기 때문"이라고 했다. 아는 기업에서 학자 출신 등을 잘 활용하지 않는 이유이기도 하다.

The Survivor

기업의 지속가능발전
실현 방안

▌기업의 지속가능발전 전략

(1) 매사를 지속가능발전 차원에서 생각하고 식별하여 의사결정

(2) 기업 맞춤형 지속가능성 체크리스트 활용

(3) 기업 맞춤형 지배구조 혁신과 조직 내 자정 능력 함양

(4) 상시적 위기 대응 조직 운영

(5) 지속가능발전 비전, 목표, 전략 및 실행계획의 수립, 실행

(6) 생명과 인간존중의 가치 중심 경영

(7) 청부, 청빈의 경영철학 실현

(8) 유연성을 높이는 수단들의 활용

(9) 총체적 변화(Systemic change)의 시도

(10) 조직 내 자정 능력제고

❶ 매사를 지속가능발전 관점에서 생각하고 식별하여 의사결정

기업의 본질을 의사결정 관점에서 보면 기업의 가치를 최대화하기 위한 의사결정 과정의 연속이다. 기업의 의사결정은 각 의사결정 단계에서 여러 대안 가운데 투자수익과 위험을 고려한 최적의 대안을 선정하고 이를 가장 효과적으로 실행하기 위한 전략과 실행 방안을 선택하는 과정이라 할 수 있다.

기업 구성원은 이러한 연속적인 의사결정 과정에서 매 순간 지속가능발전을 위해 올바른 선택을 하는지를 고려해야 한다. 예컨대 새로운 사업안을 검토한다고 할 때 이 사업이 순 현금흐름 관점에서 기업의 지속가능발전에 기여하는 사업인지에 대해 의문을 던져 보는 것을 습관화할 필요가 있다. 특히 최고경영자나 주요 경영진은 반드시 이러한 질문을 던지고 이에 대한 답을 찾아보아야 한다.

여러 사업안 중에서 최적의 안을 선정하는 과정에서 지속가능성을 선택기준에 포함시켜 판단하였는지 질문을 던져 보는 습관을 가져야 한다. 회사 전체의 장기 이익에 기여하는 것인지, 아니면 경영진의 임기 동안의 업적만을 고려한 사업안인지 아니면 이벤트성 사업에 불과한 것인지를 식별할 수 있어야 한다.

또한 여러 대안들이 사업에 수반되는 위험 요소를 충분히 고려하고 있는지, 그리고 위험의 정도를 정확히 파악하여 반영하고 있는지에 대해서도 질문을 던져 보는 습관을 가져야 한다.

그래야 기업의 전체 구성원들이 매사에 지속가능성 관점에서 생각하고 식별하며 의사결정을 하는 습관을 체화하게 될 것이다.

이같이 기업의 경영진이 매사를 지속가능성 관점에서 질문하고 답을 찾는 습관만 가지고 있어도 기업 구성원은 지속가능한 발전을 위해 힘쓰게 되고 경영자 개인을 위한 사업이나 이벤트성 사업과 같은 자원 낭비성 사업을 크게 줄일 수 있게 된다.

기업의 설립 목적은 기본적으로 이윤을 추구하는 것이며, 이윤 축적을 통해 기업은 성장·발전해 나갈 수 있다. 기업이 장수하기 위해서는 가능한 한 많은 이익을 지속적으로 내면서도 다른 한편으로는 사업에 수반되는 각종 위험을 최소화해야 한다.

사업에 수반되는 위험을 매사에 생각한다는 것은 미래 현금 흐름의 변동성을 최소화하는 문제에 대해 고민한다는 것이다. 지속가능한 성장을 추구하는 기업은 단기적 이익은 물론 중장기적 이익과 심지어 후세대의 이익에 대해서까지 배려한다는 점에서 지속가능발전 기업은 보통기업과 다르다고 할 수 있다.

중국 삼국시대 촉나라 승상 제갈량의 출사표를 읽다 보면, 기업의 최고경영자나 경영진은 제갈량과 같은 마음으로 기업의 지속가능발전을 생각하며 실천에 옮기면 좋을 것 같다는 생각을 한 적이 있다. 형세에 밝고, 인재를 식별하는 능력이 뛰어나고 균형감각이 있으며, 배려와 헌신을 통해 리더십을 발휘하는 그의 언행에서 지속가능발전을 추구하는 기업 최고경영자의 모습이 연상된다.

제갈량(諸葛亮)의 '출사표(出師表)'

먼저 천하의 현실과 촉(蜀)이 처한 상황을 설파한 다음, 충실한 신하를 더 신임할 것을 권하고, 마지막으로 선제(先帝) 유비(劉備)와의 만남을 회고하면서 자신의 확고한 결심을 밝히고 있다.

신(臣) 양(亮) 아뢰옵니다.

선제께서는 창업이 다 이루어지기 전에 중도에서 돌아가셨습니다. 이제 천하는 셋으로 나뉘어 있고 그중에서 우리 촉(익주)이 가장 피폐합니다. 참으로 나라가 흥하느냐, 망하느냐가 달린 위급한 때입니다.

그러나 모든 신하가 안에서 게으르지 않고 충성스런 무사가 밖에서 제 몸을 돌보지 않는 것은 모두 선제에게서 입은 은혜를 폐하께 갚으려 함인 줄 압니다.

폐하께서는 진실로 성덕을 열고 펴시어 선제의 유덕을 밝히시며, 뜻있는 선비들의 의기를 더욱 넓히고 북돋워야 할 것입니다. 스스로 덕이 없고 재주가 모자란다고 함부로 단정해서는 결코 아니 되오며, 헛되이 의를 잃고 덕을 잃음으로써 충간(忠諫)의 길을 막아서도 아니 됩니다. 궁중과 조정은 하나가 되어야 하며, 벼슬을 올리거나 벌을 주는 일, 옳고 그름을 구별하는 일은 일관성을 유지해야 합니다. 만일 간사한 죄를 범한 자나, 충성되고 착한 일을 행한 자가 있거든 마땅히 관원에게 그 형벌과 상을 받도록 함으로써, 폐하의 공정하고 밝은 다스림을 세상에 뚜렷하게 밝혀야 할 것입니다. 사사로이 한쪽에 치우쳐서 안과 겉이 다른 법을 펴서는 아니 될 것입니다.

시중과 시랑을 맡고 있는 곽유지와 비위, 동윤 등은 모두 성실하며, 그 하고자 함과 헤아림이 충성되고 깨끗합니다. 일찍이 선제께서는 여럿 중에서 이들을 뽑아 쓰시고, 폐하에게 물려주셨습니다. 어리석은 신이 살피건대, 궁중의 일은 크고 작음을 가릴 것 없이 이들과 의논하여 시행하신다면 반드시 빠지거나 새는 일 없이 폐하를 보필하여 이로움을 넓혀줄 것입니다.

장군 상총(向寵)은 본성이 맑고 치우침이 없으며 군사에도 밝아, 옛날 시험 삼아 등용함에 선제께서 그를 능하다고 칭찬하였고, 중의로 상총을 천거하여 도독으로 삼았습니다. 어리석은 신이 생각건대, 군사에 관한 일은 대소를 막론하고 그와 의논하십시오. 반드시 군사들을 화목하게 하고 뛰어난 자와 그렇지 못한 자를 가려 각기 있어야 할 곳에 있게 할 것입니다.

현신(賢臣)을 가까이하고 소인(小人)을 멀리했기 때문에, 전한은 흥륭했고, 소인을 가까이하고 현신을 멀리했기 때문에 후한은 쇠퇴했습니다. 선제께서는 살아계실 때 항상 이 일을 신과 이야기하면서 일찍이 환제와 영제 시절의 어지러움에 탄식하고 통한으로 여기지 않으신 적이 없었습니다.

지금 시중상서, 장사, 참군 자리에 있는 세 사람은 모두가 하나같이 곧고 바르며 절의를 지킬 만한 신하들입니다. 요컨대 폐하께서는 이들을 항상 가까이 두고 믿으시기 바랍니다. 그리하면 머지않아 한실(漢室)은 다시 융성할 것입니다.

신은 원래 아무 벼슬도 없이 남양에서 밭을 갈며 어지러운 세상에 한 목숨이나 지키며 지낼 뿐, 조금이라도 제 이름이 제후(諸侯)의 귀에 들어가는 것을 바라지 않았습니다. 그런데 선제께서는 신의 비천함을 돌보지 않으시고 귀하신 몸을 굽혀 친히 세 번이나 신의 초려(草廬)를 찾아와 세상일을 의논하셨습니다. 이에 감격하여 마침내 선제를 따르게 되었습니다.

그 후에 선제의 세력이 뒤엎어지려 할 때 신은 싸움에 진 군사들 틈에서 소임을 맡았으며, 그 어려움 속에서 명을 받아 이제 21년이 지났습니다.

선제께서는 신의 근신(謹愼)을 아시고 돌아가실 때 신에게 나라의 큰일을 맡기셨습니다. 명을 받은 이래, 신은 아침부터 밤까지 그 당부를 들어드리지 못하여 선제의 밝으심을 그르칠까 봐 늘 두려워했습니다. 그리하여 지난 5월에는 노수를 건너 거친 오랑캐의 땅에 깊숙이 들어갔습니다. 이제 다행히 남방은 평정되었고 싸움에 쓸 무기며 군마도 넉넉합니다.

이제 3군을 인솔하여 북으로 중원을 평정하고자 합니다. 느리고 무딘 재주나마 힘을 다하여 간사하고 흉악한 무리를 쳐 없애고, 한실을 부흥시킴으로써 옛 서울을 되돌려놓겠습니다. 이는 신이 선제의 뜻을 받드는 길일뿐만 아니라 폐하께 충성을 다하기 위해서도

마땅히 해야 할 일입니다.

그동안 이곳에 남아 이롭고 해로움을 헤아려 폐하께 충언을 다함은 곽유지와 비위, 동윤의 소임일 것입니다. 원컨대 폐하께서는 역적을 치고 나라를 되살리는 일을 신에게 맡겨 주십시오.

그리고 만약 신이 그 일을 해내지 못할 때에는 신의 죄를 다스리시고, 이를 선제의 영전에 고하십시오. 만약 폐하의 덕을 드높일 충언이 없을 경우에는 곽유지와 비위, 동윤의 허물을 꾸짖어 그 태만을 드러내십시오.

폐하, 또한 선한 길을 자주 의논하시어 스스로 그 길로 드시기를 꾀하십시오. 아름다운 말은 되도록 살펴서 받아들이시고, 마음 깊이 선제의 가르치심을 쫓으십시오.

신은 그간의 큰 은혜에 보답코자, 이제 먼 길을 떠나고자 합니다. 떠남에 즈음하여 표문(表文)을 올리려 하니 눈물이 솟구쳐 더 말씀드려야 할 바를 알지 못하겠습니다.

촉한(蜀漢) 건흥(建興) 5년 (서기 227년) 승상(丞相) 제갈량(諸葛亮) 올림.

2 기업 맞춤형 지속가능성 자가 체크리스트 활용

무엇인가를 개선하려면 개선하려는 대상을 측정할 수 있어야 개선이 가능하다. 그래서 경영이나 관리에 있어서는 "측정 없이는 개선 없다"라는 구호가 있다. 기업이나 공공기관들의 인사나 사업 평가 시 평가지표를 계량화하라고 하면 대부분 정성적인 것을 어떻게 계량화하느냐고 난색을 표하는 조직 구성원들이 많다. 특히 지속가능성과 같은 추상적이고 주관적 성격이 강한 요소들을 어떻게 계량화하느냐는 것이다.

하지만 특정 기업이나 조직이 자신들만을 위한 계량적 지표를 개발하는 것은 그리 어려운 일이 아니다. 더구나 자사의 것이기 때문에 누구보다 잘 만들 수 있다.

예컨대, 지속가능 경영의 삼각 축인 경제적 성과와 환경적 성과와 사회적 성과를 핵심요소로 하여 회사 특성에 맞는 가중치를 부여하되, 오너 자신이나 최고경영자 등 기업 구성원과 이해관계자가 중요시하는 정도를 가중치로 반영하여 평가지표를 만들고, 매 평가시마다 이들의 의견을 조사하여 평가한다면 이 또한 단순하지만 아주 훌륭한 기업의 지속가능성 평가지표가 되고 기업의 지속가능성을 개선해 나가는데 활용할 수 있다.

지속가능성의 측정 및 평가표를 만들어 관리하는 것이 외부로 노출될 경우 득보다는 실이 많을 수 있고 그러한 정보가 경쟁자에게 유출될 경우 적대적 인수합병 등에 노출될 수 있다. 기업의 자체 지속가능성 진단표를 만들 때 다음의 요소들을 참조하면 좋을 것이다.

우선 최근 들어 조직 내 회의 빈도가 높아지거나 회의 시간이 길어지는지, 기업의 매출액 등 현금 흐름의 기복이 심해지는지, 매출액 대비 고정비용이 동일 업종 기업에 비해 높은 편인지. 그리고 높아지고 있는지 등을 점검한다.

또한 오너나 최고경영자의 환경적 지속가능성에 대한 비전과 철학이 있는지, 사업상 환경적 리스크가 큰 산업인지, 환경적 리스크 관리는 잘 되고 있는지. 환경 투자가 지속적으로 이루어지고 있는지, 그 전담조직은 충분한 예산과 인력을 보유하고 상시적으로 환경적 리스크를 측정·관리 및 피드백을 하고 있는지. 지역사회나 시민단체 등 이해관계자들과 기업의 환경적 리스크에 대해 충분히 소통하고 협력하고 있는지 등도 점검해야 한다.

기업의 최고 의사결정권자가 환경적 리스크 관리에 강한 의지와 책임감을 갖고 있는지, 사회적 책임 활동에 대해서도 강한 의지를 갖고 있는지, 그리고 사회적 공헌 활동을 체계적으로 하고 있는지 등도 점검해야 한다.

회계적 투명성은 높은 편인지, 외부 회계법인의 감사의견은 적정 의견인지, 기업 지배구조는 자정 능력을 갖추고 있는지, 경영권 승계 전략은 수립되어 있고 승계 작업이 준비되고 있는지, 악마의 대변자는 존재하고 제대로 활용하는지, 내부고발자 제도가 제대로 작동하는지 등도 점검해야 한다.

아래의 지속가능성 자가 체크리스트Self checklist는 기업 활동과 관련하여 점검해야 할 주요 리스크들의 예시에 불과하며 기업의 사업 특성에 따라서는 지속가능발전에 미치는 영향 정도가 항목 간에 크게 차이가 날 것이다.

예컨대 제조업의 경우에는 환경적 요인이 미치는 영향이 서비스 기업 등에 비해 훨씬 클 것이다. 제조업 가운데서도 중화학산업은 다른 제조업에 비해 환경적 리스크가 클 것이다. 사회적 리스크는 소비재 산업이 B2B산업에 비해 상대적으로 더 크게 작용할 것이다. 이같이 산업이나 사업의 특성을 반영하여 가중치를 조정하면 될 것이다. 이러한 과정을 거쳐 자체 체크리스트를 만들고 지속적인 수정 보완을 통해 자사 특성에 맞는 자가 진단서를 만들어 사용하면 좋을 것이다.

예를 들어 석유화학업종과 같이 환경적 위험이 높은 업종에 속한 기업이라면 환경적 요인을 보다 세분화해서 각각에 대한 가중치를 부여할 필요가 있다. 또한 유통업에 속한 기업이라면 소비자나 많은 납품기업이나 입주 점주들과의 이해관계나 갈등 관리가 상대적으로 B2B 기업들에 비해 심각하고 중요하며 기업의 평판(명성) 위험에 노출될 가능성이 더 클 것이다. 따라서 소비재 산업은 사회적 요인에 대한 가중치를 높게 부여하여 다양한 계층의 평가 결과를 토대로 사회적 지속가능성을 평가할 수 있을 것이다. 만약 금융업종에 속한 기업이라면 환경적 요인은 상대적으로 낮은 가중치를 부여해도 되겠지만 대신에 사회적 리스크나 경제적 성과는 가중치를 높게 부여해도 무방할 것이다.

이같이 지속가능성 지표를 만들고 이를 토대로 상시적으로 이해관계자의 의견을 수렴하여 진단서를 보완해 가면 좋을 것이다. 이렇게 만든 진단서를 활용해 기업의 지속가능성을 측정, 관리하고 조직 구성원의 평가와 보상에 반영한다면 기업의 지속가능성은 한층 더 개선될 것이다.

평가 지표 가운데 경제적 성과 지표의 경우는 재무적 성과 등을 토대로 계량적 지표로 만들 수 있다. 대표적인 지표들로는 주가나 매출 증가율, 공장 가동율, 재고자산 비율 등과 같은 지표를 사용할 수 있을 것이다. 이해관계자들의 의견조사 등 정성적 요소의 반영 비중은 줄여도 무방할 것이다. 환경적 요인도 에너지 사용량이나 오염물질 배출량 등은 그대로 지속가능성 평가지표로 활용하는 것도 한 방법이다.

하지만 지속가능성의 평가 목적이 SRI나 ESG펀드 등 투자자들로부터의 매력도를 높여 좋은 조건의 투자를 유치하는 것이 목적이라면 이들 기관들이 제시하는 평가지표와 기준에 부합하도록 작성하여 제시해야 한다. 이들 기관의 평가 기준을 준수했다고 해서 기업의 자체적인 지속가능성 평가와 관리 노력을 게을리해서는 안 된다. 계속기업Going concern으로서 기업은 자신만의 위험 식별능력과 관리역량을 스스로 키워나가야 하기 때문이다. 참고로 SRI 펀드는 나름대로 투자기업의 지속가능성 리스크를 분석하여 투자 시 의사결정에 반영하고 있다.

아래 자가 체크리스크에서는 경제적 리스크, 환경적 리스크와 사회적 리스크의 삼각 축 이외에 정치사회적 격변기임을 감안하여 정치적 · 법률적 리스크와 지배구조 및 위기관리 능력을 별도 항목으로 분류하여 리스크 요인을 생각해 보았다.

《기업의 지속가능성 자가 체크리스트(예시)》

평가 분야	평가 요소 및 항목	가중치 (a)	평점 (b)	점수 (a*b)
경제적 지속가능성	1) 순 현금 흐름의 변동성 2) 영업 레버리지(고정비율 등) 3) 재무 레버리지(부채비율 등) 4) 경쟁력(기술, 가치 사슬망 등) 5) 특허 및 영업기밀 보호 정도 6) 시나리오 경영, 사업 포트폴리오 구성 정도 7) 경쟁업체 등과의 관계	50-70%		
환경적 지속가능성	1) 최고경영자 의지와 철학 및 비전 2) 환경경영 시스템 구축(전 과정 관리, 에코디자인, 5R 등) 3) 환경관리전담조직(예산, 인력) 4) 상시 교육 및 훈련 실시 5) 오염물질 관리 수준, 에너지 원단위 등	10-30%		
사회적 지속가능성	1) 공동체와의 상생을 추구하는 CEO의 비전 및 조직문화 2) 기업의 사회적 공헌 활동 3) 지역사회 및 이해관계자와의 소통 노력 정도 4) Think tank 등의 육성 등	10% 내외		
정치, 법률적 리스크	1) 정치적 편향성 유무 (정치자금, 정치적 발언, 로비 등) 2) 언론매체 등에 대한 편향성 유무	5-20%		

	3) 관급 비즈니스 의존 정도 4) 경제단체 등 중립적 기관의 활용 정도 5) CEO 및 임직원의 정치 및 언론 노출 활동 정도 6) 법규 개정 등에 대한 민감도 6) 사회주의 국가 등과의 교류 및 투자와 거래 정도		
기업 지배구조 및 위기관리 능력 등	1) 조직의 자정 기능 작동 정도 2) 악마의 변호사 및 내부고발자제도 활용 정도 3) 위기 대응조직의 상시 가동 4) 공시 제도의 작동 수준 5) 승계 전략 수립 　(1대 주주의 지분 정도) 6) 준법 감시 및 투명 경영 정도 7) 평화적 노사관계 8) 기타 도덕적 해이로 인한 대리인 비용 최소화 노력 정도 등	10-30 %	
합 계			

③ 기업 맞춤형 지배구조 혁신

▌기업 맞춤형 지배구조 혁신 방안

> (1) 신중하면서도 신속한 장기 투자 의사결정이 가능한
>   지분 확보
>
> (2) 경영권 승계 전략의 수립
>
> (3) 경영진의 대리인 문제나 도덕적 해이 방지를 위한
>   제도적 장치가 작동되도록 모니터링 강화
>
> (4) 상법 및 공정거래법 등에 의한 지배구조 변화 위험의
>   선제적 대응
>
> (5) 정치, 사회적 요인에 의한 지배구조 변동 위험 방지
>   대책 강구
>
> (6) 기업 본사 및 자회사의 분산 상장 및 배치 등
>   분산투자 개념 확대
>
> (7) 주인의식과 자정 능력을 갖춘 조직 시스템 구축
>
> ⑧ 자정 능력을 높이는 지배구조의 혁신

(1) 신중하면서도 신속한 장기 투자 의사결정이
가능한 지분 확보

한국에서는 오랫동안 지배구조 논쟁이 있어 왔다. 오너경영 체제와 전문경영 체제 가운데 어느 체제가 기업 경쟁력 강화에 도움이 되느냐는 것이다. 그동안 국내외 연구결과 좋은 지배구조에 대한 정답은 없다고 해도 과언이 아니다. 1997년 12월 발발한 국제금융기구 IMF 외환 금융위기 때 대한민국의

30대 그룹기업 가운데 도산한 16개 그룹들은 오너의 방만한 문어발식 경영 때문에 망했다는 비판이 정치권과 일부 학자들에 의해 제기되었다. 또한 전문경영 체제가 우월하다는 주장을 하면서 상법과 공정거래법에 의한 그룹기업의 순환출자 규제 등을 강화하는 등 오너 대기업에 대한 규제를 강화하였다. 이와 같은 주장의 일부는 맞을 수도 있지만 대부분은 정치권과 정부의 정책 실패의 책임 전가에 불과하다는 지적도 많다.

21세기 들어 글로벌 무한경쟁에서 한국 경제를 10대 선진 경제 강국으로 도약시킨 주역들은 삼성전자, SK하이닉스 그리고 LG화학이나 바이오 관련 회사 등 오너 중심 대기업들이라는 사실은 어떤 지배구조가 우월한지를 잘 설명해 주는 한 예라고 생각한다. 최근의 상황은 한국식 오너경영 체제가 전문경영 체제보다 우월하며 그동안 일각에서 제기해 온 전문경영 체제의 우월성 주장이 힘을 잃어 가고 있는 형국임을 보여 주는 것이다.

사실 대한민국과 같은 소규모 개방경제 국가에서는 금융자본 시장에서의 신속한 자금조달에 한계가 있다. 더구나 정치적 요인에 의한 형평성 논쟁과 규제 그리고 대기업에 대한 통제 등으로 그룹 차원의 자체 자금조달 시스템을 구축하고 급변하는 대내외 환경 변화에 즉시 대응할 수 있는 오너 중심의 기업 지배구조가 더 효과적일 수 있다. 만약 한국의 기업들이 오너 중심의 기업 지배구조를 구축하지 않았더라면 반도체, 이동통신, 바이오신약 제조산업과 4차 산업혁명 관련 산업에 대규모 자금을 투자하여 오늘날과 같은 선진 초일류 기업으로 성장하기는 불가능에 가까웠을 것이다.

가족이 경영하는 오너 지배구조를 갖고 있으면서도 장수하는 기업인 스웨덴의 발렌베리를 주목할 필요가 있다. 삼성그룹이 본받고 싶어 했던 스웨덴의 재벌 가문 발렌베리는 많은 대기업들의 연구 대상이다. 160년간 5대에 걸쳐 세습하면서도 부패하지 않은 재벌 가문으로 유럽에서 규모가 제일 크고 오래된 산업 분야 대기업이다.

〈삼성가가 본받고 싶어 한 스웨덴 재벌기업 발렌베리〉

2003년 이건희 회장이 방문해서 화제가 되었던 스웨덴 기업, 발렌베리의 주업은 금융업이다. 스웨덴 최대 은행인 SEB를 소유하고 있다. 스톡홀름 엔스킬다 은행은 1856년에 설립되었다. 또한 발렌베리는 다른 다양한 사업 분야의 대기업을 소유하고 있다. 아트라스콥코, 일렉트로룩스, 에릭슨, 사브, ABB 등 스웨덴의 대표적 대기업들이 대부분 발렌베리 가의 소유이다. 특히 아트라스콥코는 세계적인 산업기계 제조업체로 압축기, 광산 및 건설장비를 생산하며 발렌베리그룹의 핵심 계열사 중 하나이다.

발렌베리 가문의 역사는 1856년, 해군 장교 출신이었던 앙드레 오스카 발렌베리가 창업한 스톡홀름 엔스킬다 은행(SEB)에서 시작되었다. 앙드레는 스톡홀름 엔스킬다 은행을 창업하고 당시 미국과 영국에서 운영하던 최신 금융시스템을 도입, 많은 예금을 예치했고 스웨덴 산업 호황기에 산업에 과감히 투자하며 막대한 부를 축적했다.

1878년 불황을 맞아 투자의 실패가 이어졌고 파산의 위기에 몰리기도 하였으나, 창업자 앙드레의 장남인 크누트가 경영을 이어받아 발렌베리가는 다시 부흥하였다. 크누트는 12년간 스웨덴 의회 의원을 지냈으며, 외무장관도 역임한 인물이다. 그는 1916년 스웨덴 정부가 은행의 산업자본 주식 소유를 제한하자 '인베스터'라는 지주회사 겸 투자회사를 설립, 많은 기업을 산하에 편입시켰다. 또한 본인과 아내의 이름을 딴 재단을 설립해, 부를 대물림할 수 있는 기반을 마련했다.

발렌베리는 5대에 걸쳐 160년 넘게 경영권을 세습하면서 가족 경영을 해오고 있다. 그러나 발렌베리 가는 기업들의 독립경영을 확실하게 보장한다. 독립 경영을 위해 능력 있는 전문경영인들에게 자회사의 경영권을 일임하고, 대신 지주회사인 '인베스터'를 통해 자회사들에 대한 지배권을 행사할 뿐이다. 이 인베스터는 발렌베리 가의 여러 재단이 지배하고 있다. 발렌베리 가 기업들의 경영 수익은 배당을 통해 인베스터를 거쳐, 각 재단으로 들어가게 된다.

출처: 중앙일보, 『가훈이 명문가를 만든다』(권태성, 다연출판사 2018년 2월) 외

기업을 증권거래소에 상장시켜 자본시장에만 의존해 투자자금을 조달할 경우에는 단기 투자수익에만 관심이 많은 주식투자가들 때문에 기업의 장기 투자가 제약되어 전문경영인과 사외이사들은 기존 성숙산업 중심의 단기 수익을 올리는 데 치중하게 될 것이다. 이 경우 기업들은 미래 기대 현금 흐름이 불안정해질 수밖에 없다.

기업이 지속가능발전을 하려면 사업이나 제품의 포트폴리오가 잘 구성되어 있어야 한다. 제품 수명 주기Product life cycle상 진입기 성장기, 성숙기와 쇠퇴기에 놓인 제품들이 다양하게 구성되어 있어야 한다. 만약 한 기업이 성숙기에 속한 제품을 주

로 생산하여 판매하고 있다면 이 기업은 단기적으로는 현금 흐름이 매우 양호하겠지만 조만간 쇠퇴기를 맞게 될 제품들이 많아지게 돼 가까운 미래에 현금흐름이 악화되어 지속가능발전은 그만큼 어려워질 수 있다. 이러한 위험을 사전에 방지하기 위해서는 신제품 개발이나 새로운 사업 진출 등에 대규모 신규 투자를 단행해야 할지 모른다. 오너경영자가 아닌 전문경영인이나 사외이사들은 장기간에 걸쳐 투자 자본 회수가 이루어지는 투자에 대해서는 적극적인 의사결정을 꺼리게 된다. 당장 배당이 줄고 주가 하락에도 영향을 줄지 모르는 투자 의사결정에 자신들의 운명을 맡기지는 않으려 한다. 자신들을 뽑아준 대다수 주식 투자가들은 단기적인 투자 수익을 올리는 데 더 많은 관심을 보이기 때문이다. 상장기업의 많은 소액 투자가들은 장기 투자를 반대하거나 저지하지 않을 수도 있다.

최근 들어 상장을 폐지하고 무차입 경영을 하려는 기업인들이 늘고 있는 것도 이 같은 상장기업의 지배구조 문제를 해결하려는 노력의 일환으로 이해된다.

따라서 지주사 입장에서 상장회사의 주주 가운데 근시안적인 단기 투자가가 많거나 적대적 M&A에 대한 방어적 수단이나 우호적 지분 확보가 어려운 계열사 등의 경우에는 상장 자체를 폐지하여 그룹 전체 기업의 장기 투자 의사결정이 원활히 이루어질 수 있도록 지분 구조를 바꾸는 것도 적극적으로 강구할 필요가 있다.

기업은 장기 투자를 할 때도 선택과 집중을 신중하게 하는 것이 중요하다. 한국 오너 기업의 실패의 대부분은 조급한 문어발

확장투자에서 비롯된 것이란 지적이 많다. 마이클 포터의 지적처럼 전략의 핵심은 하지 말아야 할 것을 골라내는 것이다.

전략의 핵심은 하지 말아야 할 것을 골라내는 것이다.
The essence of strategy is choosing what not to do.

식사를 하러 가고 싶은 음식점을 찾아갈 때 음식 메뉴가 많아 무엇이든 다 주문할 수 있는 식당은 왠지 들어가기가 싫다. 반면에 음식 메뉴가 몇 가지로 단순화되어 있거나 단품만 파는 식당 앞을 지나가게 되면 왠지 그 집 음식은 맛이 있을 것 같고 신뢰가 간다. 이러한 생각에 대해 공감하는 사람들이 많을 것이다. 실제 음식 메뉴가 많은 식당일수록 고객에게 내세울 만한 음식 메뉴가 없다. 오히려 단품을 파는 칼국수 집이나 해장국 집이 손님이 더 많고 오랫동안 사업을 잘하는 경우가 많은 편이다.

성공하는 기업은 대체로 문어발식 확장을 하는 기업보다는 연관 산업에 사업이 집중되어 있다. 하지만 마이클 포터 교수의 지적과 달리 일반적으로 사람들은 더 많은 아이디어나 스펙을 보태야 더 좋은 것이고 더 잘될 것이라고 생각하는 경향이 있다. 그런데 '열두 가지 재주를 가진 사람이 밥 빌어먹는다'는 옛말이 있다. 실제로 재주 많은 사람이 잘 되는 경우는 매우 드물고, 오히려 별로 재주가 없어 한 곳, 한 분야에 집중하는 사람들이 성공하는 경우가 더 많다. 기업도 마찬가지이다. 경쟁이 치열한 사업 세계에서는 자사의 역량을 특정 산업에 집중해야 경쟁에서 살아남아 오래도록 지속하는 성장을 할 수 있다.

(2) 경영권 승계 전략의 수립

세상의 모든 의사결정에는 때가 있다. 사업에 성공하는 기업가들은 투자할 때를 누구보다 잘 알고 적시에 투자 의사결정을 한다. 하지만 경영권을 언제 누구에게 승계시킬 것인지에 대해서는 그리 심각하게 생각하고 준비하는 기업인은 그리 많지 않은 것 같다. 그래서 국내외적으로 잘 나가던 기업들이 자식이나 손주 세대에 가서는 경영권 승계 다툼 등으로 남에 손에 회사가 넘어가거나 사라지는 사례가 적지 않다.

상속 및 증여세 부담이 세계 최고 수준인 대한민국에서는 회사를 승계하지 못하는 사례가 훨씬 많을 수밖에 없다. 2020년 10월 삼성그룹 이건희 회장의 별세로 고인의 주식과 부동산 상속 문제가 주목을 받은 적이 있다. 그의 주식보유분 18조 원 가운데 11조 원 이상을 상속세로 내게 되었다. 삼성가의 주식 상속세 문제는 많은 기업인들에게 회사 경영권 승계 전략 수립에 충분한 준비 기간이 필요함을 일깨워 주는 계기가 되었다.

마크 잉게브레첸은 『기업은 왜 실패하는가 Why Companies Fail』라는 저서를 통해 기업 실패를 가져오는 10대 요인 중 하나가 빈약한 승계 전략Poor Succession Plan라고 지목한다. 기업 세계에서 경영권 승계나 상속 증여 문제로 인한 오너 가의 가족 간 갈등으로 기업이 무너지거나 쪼개져 어렵게 된 사례가 적지 않다.

2000년대 초 현대 가의 형제간 회사 분할, 금호아시아나그룹의 형제간 계열사 분할, 2020년 한진그룹 형제간 경영 승계권 다툼 등으로 인한 경영 위기 등은 승계 문제가 기업 실패의 중요한 요인이 될 수 있음을 시사한다.

더구나 한국 사회는 대주주인 경우 상속증여세율이 세계 최고 수준인 60%에 달하고 있어 창업 세대의 부가 3대를 이어가기가 사실상 불가능하다. 주식을 팔지 않으면 상속세를 낼수 없으며, 이로 인해 경영권 유지에 필요한 지분율 유지가 어렵기 때문이다. 삼성그룹의 경우 이건희 회장이 보유한 주식을 상속증여하게 되면 경영권 유지에 필요한 대주주 지분율은 오히려 하락하게 된다. 상속증여세제의 문제로 세계적 최우량기업인 삼성전자조차 경영권이 불안정해질 수 있는 것이다.

기업 실패의 10대 요인

— 마크 잉게브레첸의 『기업은 왜 실패하는가』 중에서

① 단기업적 중심의 주가 관리 정책
   (Letting Stock Price Dictate Strategy)

② 초고속성장(Growing too Fast)

③ 고객 무시(Ignoring Customers)

④ 패러다임 변화 무시(Ignoring Paradigm Shifts)

⑤ 부채 및 위협 요인과 위기 무시
   (Ignoring Liabilities, Threats and Crises)

⑥ 과도한 혁신(Over Innovating)

⑦ 빈약한 승계전략(Poor Succession Plan)

⑧ 시너지 도출 실패(Failed Synergies)

⑨ 오만(Arrogance)

⑩ 제살 깎아먹기식 경쟁(Fighting Wars of Attrition) 등이다.

최근 과도한 상속세 부담 때문에 국내 기업인들 중에서 회사를 자손들에게 넘겨주지 않고 사업을 그만두거나 해외로 이전하겠다는 이들이 늘어나고 있다. 기업의 성장과 지속가능한 발전을 위해서는 상속증여세율을 낮추거나 경영권 승계에 대한 세금 감면의 이행 요건을 현실적으로 완화해 줄 필요가 있다.

캐나다의 경우처럼 상속세를 면제하고 기업이 사업을 통해 일자리를 창출하고 법인세를 더 많이 내게 해서 정부의 세수 부족 문제를 해결하는 방식으로 발상의 전환도 생각해 볼 필요가 있다.

(3) 경영진의 대리인 문제 등 도덕적 해이 방지를 위한 제도적 장치가 작동되도록 모니터링 강화

기업은 성장하면서 소유와 경영이 점차 분리되어 가고 기업 구성원의 수가 많아지고 사업 분야가 확대되면서 경영권의 이양과 하부의 재량권 확대가 자연스럽게 이루어지게 된다. 이러한 기업의 경영권 분화 과정에서 업무 추진상 효율성이 높아지고 사업 성과도 좋아지지만, 한편에서는 주인과 대리인 간 이해가 달라지고 통제력이 약화되면서 경영진은 물론 임직원들의 사적 이익 추구행위 등 도덕적 해이 현상이 나타나게 된다. 이러한 대리인 문제나 도덕적 해이로 인한 경영상 위험을 줄이기 위해서는 법적, 제도적 장치에 의존하는 것은 물론 조직문화를 바꾸어 가는 노력이 필요하다. 하지만 기업 조직에서 구성원들이 상호 협력하면서 견제와 균형을 유지하는 것은 쉬운 일이 아니다.

기업 오너와 최고경영진은 경영권이 분화되고 권한을 하부로 이양하는 만큼 기업 구성원과 이해관계자에 의해 발생할 수 있는 대리인 문제와 도덕적 해이를 최소화할 수 있도록 내부 통제 시스템, 외부 감사인 제도, 사외 이사, 내부고발자 제도, 악마의 변호사 제도 등을 정비하고 이들 제도나 시스템이 제대로 작동하는지 상시 모니터링을 강화해야 한다.

스웨덴 최고 재벌 가족기업인 발렌베리는 지주회사 산하 기업들의 독립경영을 확실하게 보장한다. 계열사들의 독립경영을 위해 능력 있는 전문경영인을 발탁하고 이들에게 자회사의 경영권을 일임한다. 대신에 지주회사인 '인베스터'를 통해 자회사들에 대한 지배권을 행사한다. 지주사인 인베스터는 발렌베리 가의 여러 재단이 지배하고 있다. 이와 같이 가족기업이라 하더라도 발렌베리처럼 유능한 전문경영인에게 경영권은 일임하되 지배권을 확실히 오너 가(家)가 챙기는 노하우는 한국 기업들이 벤치마킹할 필요가 있다.

기업의 문제는 현장에 답이 있다. 지속가능발전을 하려는 기업인은 현장 중심의 자율 경영과 최고경영층 차원의 통합적 관리가 용이한 지배구조를 구현하는 데 심혈을 기울여야 한다.

국내에서는 아직 한창 일해도 되는 나이임에도 일찌감치 경영권을 후대에게 물려주고 자신만의 새로운 삶을 살아가고 있는 기업인이 있다. 코오롱그룹 이웅열 회장이다. 그는 전격적으로 사퇴를 선언하였다. 그의 결단은 경영권 승계문제를 고민하는 기업인들에게 많은 충격과 교훈을 주었다.

이웅열 회장은 우리나라 재계 서열 31위권 그룹 총수로서 4세 경영인이다. 재벌그룹 총수가 경영권 승계가 이뤄지지 않았는데도 60대 초반에 스스로 회장직에서 물러났다. 이는 전례를 찾아보기 힘든 일이다. 그것도 그룹의 변화와 혁신을 위해서라고 퇴임의 변을 말한다. 이는 이 회장이 자신을 도전과 실패를 두려워하지 않는 '청년 이웅열'로 살겠다는 강한 의지를 그대로 실천한 것이다. "까짓거, 행여 마음대로 안 되면 어떻습니까. 이젠 망할 권리까지 생겼어요." 그의 발언은 코오롱의 경영권 승계 준비가 오래 전부터 치밀하게 이루어져 왔음을 역설적으로 보여주는 것일 수도 있다.

〈 코오롱그룹 이웅열 회장의 경영권 승계 사례〉

2018년 11월 28일 이웅열 코오롱 회장이 전격 사퇴 선언을 하면서 '시불가실(時不可失)'이라는 사자성어로 소감을 밝혔다. '때를 놓쳐서는 안 된다'는 뜻의 이 말은 전국시대 초나라 황헐이 진나라 소왕에게 유세하면서 한 말이다(戰國策 秦策篇). 지금이 바로 회장직에서 물러날 때이고 이때를 놓치지 않겠다는 강력한 의지를 보인 것이다.

이 회장은 "지금 아니면 새로운 도전의 용기를 내지 못할 것 같아 떠납니다. '청년 이웅열'로 돌아가 새로 창업의 길을 가겠습니다"라고 밝혔다.

이웅렬 회장의 사퇴 선언은 즉흥이 아니라 몇 년 전부터 준비해 온 것이라고 그의 지인들은 전한다.

"1996년 1월 제 나이 마흔에 회장 자리에 올랐을 때 딱 20년만 코오롱의 운전대를 잡겠다고 다짐했습니다. 나이 60이 되면 새로운 인생을 살아보자고 작정했습니다."

이때를 바라보고 지난 20년 동안 준비해 왔다고 할 수 있다. 창업주 이원만 회장(1994년 작고)의 손자, 이동찬 회장(2014년 작고)의 아들로 1996년 코오롱회장에 오른 이웅렬 회장(1956년생)은 자신이 금수저를 물고 태어났다는 주위의 말을 그대로 인정하면서 자신이 그동안 겪었던, 남이 알지 못하는 고충도 털어놓은 적이 있다.

"그동안 그 금수저를 꽉 물고 있느라 입을 앙다물었습니다. 이빨이 다 금이 간 듯합니다."라고 말하기도 했고, "인공지능과 블록체인, 자율주행과 커넥티드 카, 공유경제와 사물인터넷, 이 산업 생태계 변화의 물결에 올라타면 살고, 뒤처지면 바로 도태될 것"이라며 산업 생태계 변화상에도 주목했다. "우리는 10년 전이나 5년 전과 크게 달라지지 않았다."라는 것이 이 회장의 진단이었다.

"매년 시무식 때마다 환골탈태의 각오를 다졌지만 미래의 승자가 될 준비는 턱없이 부족합니다. 중장기 전략은 실체가 희미합니다. 상상력이 미치지 않는 저 너머까지 꿈을 꾸려 하지 않습니다."라고 밝히기도 했다.

이 회장은 그 원인을 자신에게서 찾았다. "불현듯 내가 바로 걸림돌이구나 하는 생각이 머리를 때렸습니다. 내가 스스로 비켜야 진정으로 변화가 일어나겠구나 생각했습니다. 제가 떠남으로써 우리 변화와 혁신의 빅뱅이 시작된다면 제 임무는 완수되는 겁니다." 그룹의 변화와 혁신을 위해 용퇴를 결심했다는 것이다.

이 회장 퇴임 후 코오롱은 '원앤온리(One & Only) 위원회'라는 이름의 계열사 사장단 협의체를 통해 운영되고 있다. 이 회장에게는 장남이 있지만, 경영권 승계 작업은 전혀 이뤄지지 않은 상태이다. 장남은 전무로 승진해 패션 부문을 총괄할 것으로 알려졌다.

출처: 국내 주요 일간지 참조

(4) 상법 및 공정거래법 등에 의한
지배구조 변화 위험의 선제적 대응

기업의 지배구조에 영향을 주는 대표적인 법 제도는 상법, 독점규제 및 공정거래에 관한 법률, 증권거래법, 상장회사법, 상속·증여세법 등이다. 회사의 소유권과 경영권을 보유하고 있는 기업인 입장에서 이들 법률 개정 등은 미래 경영권 행사와 기업의 지속가능성에 중대한 영향을 줄 수 있다. 이 때문에 기업인은 정부나 국회 등에서 논의되거나 입법 추진 중인 법률안 등에 대해 사전에 충분히 검토하고 회사와 경영권 등에 미치는 부정적 영향을 최소화할 수 있는 대책을 지속적으로 강구해야 한다.

미국이나 일본 등 서구 선진 국가들은 통상 5년 이상의 오랜 기간에 걸쳐 기업 관련 법률개정안 등을 마련한다. 정부 입법은 거의 없고 의회가 법률안이나 정책을 준비하는데, 이 과정에서 여러 대안을 만들어 철저한 비용 편익 분석과 관련 이해관계자의 의견을 충분히 수렴한다. 나아가 청문회 등을 통해 전문가들의 의견도 충분히 수렴한다. 법안이 만들어지더라도 의회 예산관리처(OMB)는 규제 부처의 선정과 규제 예산 배정 등에서도 신중한 검토를 한다. 이러한 의견수렴 과정에서 기업들은 여유를 갖고 법 개정 등에 따른 피해와 기업에 미치는 부정적인 영향을 최소화할 수 있는 대책 등을 강구할 수 있다.

하지만 우리나라와 같이 권위주의적인 국가나 개도국 등에서는 정부나 입법부가 충분한 조사연구나 이행당사자의 의견 수렴 없이 조급하게 입법을 추진하는 경우가 많아 기업 차원에서 기민하게 대응하기 쉽지 않다. 시간상 제약 등으로 대다수 기업은 재산권 행사의 제약은 물론 대주주의 경영권 행사에 큰 지장을 초래하게 된다.

기업들은 2020년 정부 여당의 공정3법 개정으로 향후 경영권 방어 등에 큰 어려움을 겪게 될 것이다. 지주회사제도 등을 활용해 피해를 최소화하는 대책을 강구해야 할 것이다. 예컨대 스웨덴 최고 재벌 가족기업인 발렌베리의 2세 승계자인 크누트는 1916년 스웨덴 정부가 은행의 산업자본 주식 소유를 제한하자 '인베스터'라는 지주회사 겸 투자회사를 설립하여 많은 기업을 산하에 편입시켰다. 또한 본인과 아내의 이름을 딴 재단을 설립해, 부를 대물림할 수 있는 기반을 마련했다. 정부 규제로 지속가능발전이 어려워질 것으로 판단되는 경우 기업 본사의 해외 이전이나 계열사의 통합 등도 전향적으로 강구할 필요가 있다.

(5) 정치, 사회적 요인에 의한 지배구조 변동 위험 방지 대책 강구

글로벌 경쟁이 치열해지면서 1등 기업이 독식하는 세상이 되었다. 이로 인해 세계 모든 나라에서 부의 양극화 현상은 더욱 심화되고 있다. 1928년 미국의 경제 대공황 때도 상위 0.1%의 부가 전체 GDP의 25%를 차지했던 것으로 알려지고 있다. 2020년 코로나 사태로 이러한 부의 편중 현상은 1928년 당시보다 더욱 심화되고 있는 것으로 추정된다. 이러한 상황에서 기업에 대한 비판이나 부정적인 조치들이 정치권에 의해 더욱 양산되는 경향이 있다.

특히 우리나라와 같이 부자들에 대한 시기와 질투가 심하고 정치가 다른 영역에 대해 과도한 영향력을 행사하는 경우에는 기업인이나 그 자녀들의 일탈이나 부주의한 언행은 사회적 지탄의 대상이 되는 것은 물론이고 회사의 지배권 행사에도 부정적인 영향을 끼치게 된다. 기업 오너와 가족의 일탈 행위 등을 정치권은 자신들의 영향력을 증대시키는 수단으로 악용하는 사례마저 발생하고 있다.

따라서 지속가능발전을 도모하려는 기업인들은 자신은 물론 가족의 언행을 신중히 하도록 주지시키고 일반인보다 더 겸허한 삶을 살도록 규율할 필요가 있다. 하지만 이는 한두 기업인 가족만의 노력만으로 해결되지 않는다. 다른 기업인 가족 가운데 한두 사람이나 친인척이 사회적 지탄을 받는 언행을 하게 되면 모든 기업인들이 동시에 몰매를 맞게 되어 있다. 실제 우리 사회에서 기업인과 그 가족으로 살아가는 것은 쉬운 일이 아니다.

기업인들이 가장 많이 배려하고 조심해야 할 대상은 가까이에서 도움을 주는 사람들이다. 특히 기사, 가사도우미, 비서, 임직원들과 대화하거나 식사 등을 함께 할 때 친절하고 절제된 언행을 해야 한다. 자신이 직접 고용하고 급여를 지급하는 사람들이라 하더라도 그들 또한 누군가의 가장이고 배우자이며 사랑받는 자식들인 것이다. 그리고 그들은 사회 구성원의 축소판이다. 그들을 함부로 대하면 큰 화를 입기가 쉽다.

최근 몇 년 사이에 기사나 비서나 직원들에게 함부로 욕하고 폭행하거나 성추행한 사건 등으로 사업 일선에서 물러난 기업인들이 적지 않다. 가까운 관계일수록 더욱더 배려해야 하는 것이다. 거의 모든 기업인이나 그들 가족에 관한 소문은 지근거리에서 보필하는 사람들로부터 흘러나온다고 보면 된다. 기업인 가운데 덕망 있고 인격자로 칭송받는 이들에 대한 소문도 지근거리에서 모시는 이들에게서 나간다는 사실을 기억해야 한다.

한진그룹 가족 등 몇몇 기업인과 친인척들의 언행 때문에 오너 기업인들이 갑질만 하는 사람들로 치부되고 있는데 기업인 가족에 대한 소문도 대부분 지근거리에 있는 사람들로부터 나온다. 정치권에서는 국민 표심을 의식해 오너 기업인 가족을 규율하는 정책이나 입법을 추진한다. 오너 기업인 입장에서 보면, 우리 대한민국이 회사를 지속가능 발전시키기가 가장 어려운 나라 중 하나라고 해도 과언이 아니다.

장수하는 기업을 많이 만들어내기 위해서는 기업인의 노블레스 오블리주 실천은 물론 정치권이나 시민단체들의 기업에 대한 관심과 배려도 중요하다.

오늘날 사회적 공헌 활동을 잘하는 기업으로 평가받고 있는 록펠러재단의 경우도 과거 미국 사회의 혹독한 비판과 위기 극복 과정에서 태어난 것이다.

〈록펠러 가의 사회 공헌 활동 배경〉

세계적인 거부 록펠러 가는 노동자와의 첨예한 갈등으로 위기에 직면하였다. 특히 1914년 콜로라도 주 라드로 광산에서 발생한 '라드로 학살'(Ludlow Massacre)은 록펠러 일가의 사회적 지위를 근본적으로 위험에 빠뜨렸다.

뉴욕에 소재한 록펠러 재단(Rockefeller Foundation)은 미국의 민간 자선 단체이다. 석유 재벌이 된 존 록펠러는 앤드류 카네기의 저서에 영향을 받아 자선을 시작했다. 1913년 록펠러 재단이 설립되었다. 자선 단체 순위에서는 세계 최대 규모이며 세계에서 가장 영향력 있는 NGO 중 하나로 꼽히고 있다. 2009년 기금은 330억 달러에 이른다.

록펠러는 광산촌의 어린이와 부녀자까지 불태워 죽인 일로 사회적인 공분을 야기하였다. 위기 극복을 위해 홍보 전문가를 활용해 이미지 개선을 시도하였다. 미국의 스크루지 '록펠러 일가'는 카네기 수준을 뛰어넘는 자선사업을 벌이게 된다. 록펠러 사는 사회 공헌 활동을 벌인 뒤로 오히려 더욱 성장하였다. 록펠러 가와 관련 기업들은 새로운 성장의 기회를 맞게 된 것이다.

록펠러는 사회적 공헌을 통해 자신이 사적 이익만을 추구하는 기업이 아니라는 신호를 대중에게 효과적으로 전달함으로써 공급과잉의 대량생산 시대에 다른 기업과의 차별성을 확보할 수 있었다.

출처: 위키백과, 앙드레 드 보통의 『불안』, 우석훈의 『조직의 재발견』, J. K. 갤브레이스의 『경제학의 역사』 등

(6) 기업 본사 및 자회사의 지역별 분산 상장 및 배치 등 분산 투자 개념 확대

요즘과 같이 미중 패권전쟁으로 국가 간 기술전쟁과 디커플링이 심화되고 있는 현실에서 기업은 지속가능한 발전을 위해 새로운 성장 동력을 만드는 노력과 함께 위험분산(리스크헷지)을 내재화하는 전략이 필요하다.

유명한 경제학자인 프랭크 나이트Frank H. Knight는 "예측이 가능한 위험은 보험으로 처리할 수 있기 때문에 문제가 없지만 '확률에 대한 완전한 무지'를 의미하는 '불확실성uncertainty'은 보험으로 처리할 수 없기 때문에 경제조직에 영향을 미친다." 라고 말한다.

하지만 이러한 불확실성을 감당하며 사업 세계로 뛰어드는 사람이 바로 기업인들이다. 기업인은 불확실성 속에서 이익의 기회를 발견하고 도전하는 사람들이다. 따라서 사업에 실패해 손해를 볼 가능성은 상존한다. 사업가들이 직면하는 위기의 형태는 다양하며, 예측할 수 없는 경우가 대부분이다.

2010년대 후반부터 격화된 미국과 중국 간 무역갈등이 미중 간 패권전쟁으로 비화되면서 글로벌 경제 시대는 막을 내리고 디커플링으로 탈중국화가 심화되고 있다. 기업의 가치사슬 공급망은 중국 중심의 세계 생산기지에서 지역별로 분산되는 과정에 있다.

앞으로 세계 공급망이 어떤 형태로 정착될지는 가늠하기 쉽지 않다. 지속가능발전을 추구하는 기업 입장에서는 어떠한 변화에도 즉시 적응할 수 있는 시스템을 구축해야 한다. 이를 위해서는 총본부와 지역 본부, 생산기지 등에서 원자재와 부품 등의 원활한 조달을 위한 가치사슬망 관리와 서비스 센터 등의 지역별, 국가별 분산 관리 전략을 구사해야 한다. 또한 기업의 기밀 및 기술 등의 탈취와 도용 방지대책은 물론, 현지 사업장의 폐쇄나 기업 몰수 등에 대비하기 위해 법조인 고용, 보험 가입, 현지 지역사회와의 유대 강화 등 다각적인 대책을 강구해야 한다.

또한 사회주의 국가 등에 진출할 때는 주식 소유 구조, 퇴출 전략Exit strategy 등도 용의주도하게 준비해야 하며, 상시적으로 현지에서의 사업 리스크와 원가 구조 등을 분석하여 퇴출 몇 년 전부터 사업장 이전 준비 대책을 강구해야 한다.

삼성전자와 애플의 중국에서의 철수 과정을 보면 양사 간에 철수 전략에는 큰 차이가 있음을 알 수 있다. 삼성전자 중국 현지 스마트폰 사업장의 경우 미중 무역갈등이 격화되기 전에 베트남과 인도 등으로 사업장을 이전한 반면, 애플사는 미중 패권전쟁이 한창 진행 중인데도 사업장을 이전하지 못해 막대한 매출 손실을 기록하였다. 세계적 최우량기업인 양사의 중국 현지사업장 철수 전략의 차이점은 무엇일까?

삼성전자는 애플보다 중국의 정세와 시장 특징 등을 더 잘 알고 있었으며, 주한미군의 한국 내 사드 배치와 관련해 중국이 한국 진출 기업에 행한 보복 조치들을 심각하게 보고 대책을 강구했다는 점이다. 또한 중국 현지에서 빠른 속도로 올라가는 인건비와 물가상승 때문에 가격 경쟁력 유지도 어렵고 중국의 기술 탈취 등으로 제대로 사업하기가 쉽지 않다는 사실을 심각하게 받아들이고 대비해 왔다는 점에서 차이가 있었다.

(7) 주인의식과 자정 능력을 갖춘 조직시스템 구축

주인이 아닌 기업의 임직원이 주인의식을 갖고 기업 활동을 하면서 고객에게 정성을 다해 서비스하기를 기대하기는 쉽지 않다. 하지만 기업이 성공하고 지속가능한 발전을 하려면 기업 구성원 모두가 주인과 같이 비전을 공유하고 기업 목표 달성을 위해 최선의 노력을 해야 한다.

이를 위해서는 우리사주 제도의 도입이나 스톡옵션 제도 등을 도입하여 회사의 발전과 이익 증대가 기업 구성원 모두의 발전과 소득 증대로 연결될 수 있음을 보여 주어야 한다. 기업 구성원이 꿈과 희망을 갖지 못하면 그들로부터 주인의식을 기대하기 어렵기 때문이다.

기업 구성원의 주인의식이 높아지면 임직원의 자율성과 창의성이 높아져 생산성이 향상되고 경쟁력도 제고된다. 또한 기업 내에서 발생할 수 있는 대리인 문제나 도덕적 해이도 많이 줄일 수 있다.

하지만 주인의식만 높아진다고 대리인 문제나 도덕적 해이를 완전히 제거할 수는 없다. 도덕적 해이를 막을 수 있는 제도적 장치들이 잘 작동하도록 하여 기업 내 자정 능력을 키워야 한다.

자정 능력이 취약한 조직은 기업이든 국가든 도덕적 해이나 부패가 만연하여 오래 존속할 수 없다. 기업 문화와 성과 보상 제도도 바꾸어 업적을 내고 리더십과 능력이 탁월한 임직원은 발탁하고, 실적이 부진하고 부정직하며 갑질 등으로 회사의 이미지를 훼손하는 구성원들에 대해서는 엄중히 관리하는 등의 정책도 강화해야 한다. 오너의 가족이든 회사 발전에 기여도가 높은 임직원이든 간에 금전 사고, 성추문, 이권 개입, 부정직한 변명 등을 하는 구성원에 대해서는 단호한 조치 등을 통해 투명하고 정도경영을 실천하는 기업임을 확고히 해야 한다.

기업 구성원이 주인의식과 자정 능력을 갖추게 되면 기업은 많은 자원의 낭비를 줄이면서도 창의적인 인재들을 키울 수 있게 된다. 특히, 이벤트성 행사 위주의 낭비적 사업 추진은 줄이게 된다. 대다수 이벤트성 행사나 사업은 꼼수가 많고 평가자의 눈가림으로 문제의 본질을 호도하는 경우가 많다. 주인의식이 약한 임기제 지도자들은 임기 중에 성과를 내기 힘들기 때문에 이벤트 행사로 업적을 내놓았다고 이해관계자를 설득하고 싶어 한다. 하지만 조직 구성원이 이를 도와주지 않는다. 지도자만 그런 것이 아니다. 그들을 보필하고 있는 참모진들도 지도자들을 이용해 승진이나 많은 권한을 행사하려는 유혹이 줄어들게 된다. 대부분의 이벤트성 행사에는 철학이나 진정성을 담기가 쉽지 않아서 행사 후 일정한 시간이 지나고 나면 남는 것은 없고 예산과 자원만 낭비하는 경우가 태반이다. 단지 행사 관련자들의 이력서에 한 줄 덧붙여 주는 것 이외에 별 성과가 없다.

물론 이벤트 행사가 필요한 경우도 있다. 이러한 것은 그 뒤에 이어질 지속가능한 사업이 연결되거나 홍보적 가치가 있는 경우 등으로 한정되어 있다. 지속가능한 발전 차원에서 보면 일상 업무의 이벤트화는 그 조직을 망치는 대표적 행태로 보면 거의 틀림없을 것이다. 사업이나 일의 본질을 잘 모르기 때문에 이벤트성 사업으로 대신하려는 경우가 많다. 일반인은 사업의 본질을 모르기 때문에 이벤트성 사업에 속기 쉽지만 주인의식이 높은 구성원들은 이러한 사업 행태가 자원의 낭비를 초래하는 등 기업의 경쟁력을 약화시키는 것임을 잘 알고 스스로 정화 노력에 나서게 된다.

(8) 자정 능력을 높이는 지배구조의 혁신

조직 내의 이권화 의식, 부정부패나 대리인 문제 등 도덕적 해이를 기업 내부에서 스스로 해결할 수 있는 자정 기능과 능력을 보유하고 있는 기업은 지속가능한 발전을 하는데 큰 도움이 된다. 자정 능력을 보유한 조직일수록 유능한 경영진과 우수 인재 영입이 용이하고 장기 근속하는 구성원들이 많아지게 된다.

조직 내부에 자정 능력을 갖춘 기업이 되려면 대주주의 안정적인 주식 지분 확보도 중요하지만 조직 내에서 비전과 핵심가치가 공유되고 구성원 간 소통이 원활히 이루어져야 한다. 이런 가운데 어느 정도의 경쟁 풍토 속에서 견제와 균형의 원리가 작동할 수 있도록 시스템을 구축하고 이러한 시스템이 제대로 작동되도록 하는 것이다. 상법 등에서 요구하는 사외이사, 감사 선임 등은 물론 준법감시인(위원회)[18], 악마의 변호사 제도나 내부고발자 보호 제도의 활성화 등 다양한 리스크 필터링 장치가 작동하도록 만드는 선진화된 지배구조 체제를 구축하고 유지하는 것이 중요하다. 이러한 틀 속에서 비전을 실현할 경영진과 우수 인재가 기업의 장기 목표와 사업을 추진하고 지속가능한 발전을 이끌어 가게 되는 것이다.

유능한 경영진이 오랫동안 기업의 수장으로서 리더십을 발휘할 수 있게 하는 것도 장기 비전을 실현하는 데 도움이 된다. 다만 이 경우 최고경영자가 자만과 독선에 빠져 잘못된 의사결정을 하는 것을 막을 수 있는 장치 마련은 필요하다.

쇠락해가는 동물원이 세계 최고의 동물원으로 변신한 이유를 찾아보고자 2007년 10월 일본의 북해도 아사히야마 동물원을 방문해서 동물원 원장을 인터뷰한 적이 있었다. 마사오 원장에게 성공 요인 중 지배구조와 관련된 것이 있는지 물어보았다. 아사히야마 동물원이 재기에 성공할 수 있었던 데는 원장 본인이 12년간 CEO로서 재직하다 보니 장기 비전과 주인의식을 갖고 밀어붙일 수 있었던 것도 한몫을 했다고 했다. 일반적으로 시립 동물원의 경우 일반 공기업들처럼 원장이 3년마다 이동해야 하는데 아사히야마 동물원은 오지에 있는데다가 동물 냄새 등으로 이곳을 오려는 사람이 전혀 없었다고 한다. 그 덕분에 마사오 원장은 12년을 동물원 원장으로 지낼 수 있었고, 그러다 보니 미래 비전을 수립하고 꿈을 꿀 수 있

---

18) 준법감시인(compliamce officer)은 금융기관의 내부통제기준 준수 여부를 점검하고 이를 위반하는 경우 감사위원회에 보고해야 한다. 우리나라에는 2000년 1월21일 금융 관련법 개정을 통해 도입되었다. 그룹기업 가운데 삼성그룹이 정도경영을 위해 삼성준법감시위원회를 설치, 운영하고 있다.

었으며 직원들과 매주 학습하고 토론의 장을 마련하였다. 그러면서 창의적인 동물원 운영 방안을 끊임없이 만들어 낼 수 있었다는 것이다.

대다수 공기업은 3년 임기의 CEO를 모시고 조직을 꾸려가기 때문에 미래 비전을 수립하고 장기 투자하는 것은 엄두를 내지 못한다. 외부의 힘에 의해 조직의 장으로 오는 분들은 별 대과 없이 지내다가 더 좋은 자리로 옮겨가기 위해 자신의 경력 관리에 도움이 되는 일만 하려고 한다. 이러한 CEO의 니즈를 잘 아는 조직 구성원들은 CEO 마음에 드는 일만 찾아 이벤트성 사업을 추진하는 데에 골몰한다.

이러한 주인 없는 조직이나 기업들은 3년마다 일보 전진했다가 도로 원점으로 돌아간다. 그래서 시장의 참여자인 주식 투자가들은 이런 기업에 투자하지 않는다. 이런 기업의 주식은 주가가 박스권에서 맴돌다가 장기적으로 하락세로 전환한다. 주인없는 공기업이나 준 공기업들의 주가동향을 보면 쉽게 알 수 있다. 국내 주인없는 공기업들의 주가 동향을 보면 현재 주가나 몇 년 전 주가가 별 변동 없이 일정한 박스권에서 머물다가 하락의 길로 들어서고 있다.

주식회사의 특성상 3년마다 CEO교체가 불가피한 경우에는 계속기업으로서 조직이나 기업의 정체성을 유지하면서도 주인의식을 갖고 장단기 발전 전략을 조화롭게 추진할 수 있도록 지배구조를 혁신할 필요가 있다.

더욱이 4차 산업혁명 시대는 신속한 의사결정이 필요한 초연결사회가 될 것이다. 이 같은 디지털시대에 걸맞은 신속한 의사결정과 투명하고 상생하는 정도경영을 위해서는 기업 지배구조의 혁신이 필요하다. 지금처럼 디지털화가 급속히 진행되어 세계적으로 인터넷 및 디지털 매체를 통해 물건을 사고 팔고, 직구와 역직구(온라인 수출입)가 늘어나며, 코로나19 감염병 사태로 비대면거래가 보편화된 상황에서는 온라인 및 디지털 시장에 부합하는 의사결정 시스템 구축이 중요하다. 예컨대 전자결제 시스템의 구축, 권한의 과감한 하부 이양, 원격회의의 활성화, 재택근무자들과의 소통, 공급 사슬망과 물류 시스템 등의 혁신이 필요하다.

특히 우리나라엔 그나마 있던 G마켓조차 e베이에 팔리고 지금은 해외에 내놓을 만한 변변한 전자상거래업체 하나 없다. 향후 디지털 경제 비중이 현재의 20~30% 수준에서 10년 이내에 50%를 상회할 것으로 전망된다. 특히 2020년 1월 중국 우한에서 발생한 코로나19 팬데믹 사태 이후 비대면 비즈니스가 활성화되면서 온라인 비즈니스는 오프라인 비즈니스를 추월해 가고 있다. 비대면거래 활성화를 위해서는 재택근무, 원격 화상회의 등을 통한 신속한 의사결정 환경을 만들어 주어야 한다.

❹ 상시적인 위기 대응조직의 운영

21세기 들어 기업들은 상상할 수 없는 위기들에 직면하고 있다. 2020년 1월 발생한 코로나 19 감염병 사태의 장기간 지속과 이로 인한 세계적 경제 위기, 미국과 중국의 패권전쟁으로 인한 탈중국화와 디커플링, 2020년 5개월 동안 지속된 중국의 장마 등 초유의 기상이변 사태, 신냉전시대의 도래 등 기업이 예측할 수 없는 일들이 일어나고 있다. 개별 기업 차원에서도 제품의 하자 발생, 인명 사고, 환경오염, 고객정보 유출, 불공정거래 시비 등으로 심각한 위기를 맞고 있다.

우선 언제 닥쳐올지 모르는 위기에 기업이 선제적으로 대응하기 위해서는 1970년대 석유 위기를 슬기롭게 극복하여 세계 2대 메이저 석유재벌로 등극한 로열 더치 쉘의 시나리오 경영을 적극적으로 벤치마킹하여 내재화할 필요가 있다.

석유 재벌 로열 더치 쉘의 시나리오 경영

다국적 기업 로열 더치 쉘(Royal Dutch Shell)은 1907년에 네덜란드와 영국에서 시작되어 세계에서 두 번째로 큰 석유회사로 성장했으며 여섯 개의 슈퍼메이저 중 하나가 되었다. 에너지 사업은 항시 환경의 불확실성이라는 어려움을 겪으며 간다. 다양한 형태의 불확실성에 대응하기 위해 쉘 그룹은 예측 기법들을 사용해 왔다.

쉘은 변화에 대해 수동적으로 방어하는 차원을 넘어서서 사전에 예측하고 준비하는 '시나리오 경영'이라는 선진 기법을 활용하였다. 위기 상황이 있을 것이라 가정하고, 각 상황에 대한 구체적인 시나리오를 만든 것이다. 쉘의 시나리오 경영은 크게 네 단계로 이뤄져 있다.

1단계에서는 쉘의 의사결정과 관련된 상황 이슈들을 고려해 발생 가능한 시나리오들을 정리한다.

2단계에서는 기술·브랜드·고객 등 사업 전반에 걸쳐 경쟁사를 고려한 자사의 위상을 정확히 파악한다.

3단계에서는 사업의 중·장기적 비전을 합리적으로 수립하고,

4단계에서는 첫 단계에서 구성된 시나리오를 바탕으로 상황에 적합한 최종 전략을 수립한다.

여기에는 비전을 달성하기 위해 가능한 전략 대안들을 탐색하고, 적합성을 평가하는 과정이 포함돼 있다. 쉘의 이같이 치밀한 준비는 제1차 오일쇼크 때 진가를 발휘했다. 쉘은 유가가 안정세를 보였던 1968년 당시 그 누구도 유가 상승을 예상하지 못하던 때에 위기 상황을 시나리오에 반영했다. 1973년 10월 6일 중동전쟁이 발발하면서 전 세계에 에너지 위기가 닥쳤고, 그동안 에너지 위기 시나리오에 만반의 대비를 했던 쉘만이 갑작스러운 환경 변화에 대응해 세계 정유업계 7위에서 2위로 단숨에 올라설 수가 있었다. 급속한 원유공급 중단 사태는 미리 연습해 봤던 시나리오 중 하나였기 때문에 대응 전략도 탄탄하게 준비돼 있었다. 그 결과 경쟁업체들이 쉽게 무너지는 상황에서도 쉘은 순식간에 업계 선두자리를 확보할 수 있었다.

출처: 위키피디아, 중앙시사매거진

기업은 언제 발생할지 모르는 대내외 위험에 선제적으로 대응하는 것은 물론 위기 발생 시 신속한 원상회복을 위해 상시적인 위기대응 조직을 운영해야 한다.

일반적으로 위기대응 관리를 잘하는 것으로 알려진 선진국 다국적 기업들은 위기 발생 시 다음과 같은 조치들을 단계적으로 취한다.

첫째, 기업의 위기는 이해관계자와 국민이 회사를 심판하는 재판의 과정으로 인식한다. 회사에 위기가 발생하면 이해관계자나 일반 국민이 어떻게 받아들이는지를 생각한다. 이를 토대로 회사의 이미지를 근본적으로 개선할 수 있는 방향으로 행동원칙을 수립한다.

둘째, 위기 발생 시 초기 24시간이 가장 중요하다. 사람들이 만날 때 첫인상이 중요하듯이 위기 발생 후 24시간을 잘 관리해야 위기를 기회로 전환할 수 있다. 위기관리에 실패하는 기업들은 첫 24시간을 제대로 관리하지 못했다. 예컨대 옥시는 가습기 살균제 사건에 대해 영국 본사 대표가 즉시 사과하고 문제 해결에 나선 것이 아니다. 사건을 축소·은폐하려다 5년이 지나서야 한국 법인 대표가 해명에 나섰고, 이에 피해자 가족과 한국 국민들의 분노만 더 사고 말았다.

셋째, 위기 발생 시 24시간 내에 신속하고 유연하게 대응하기 위해서는 미리 팀을 구성하고 적절한 교육과 훈련·관리 프로세스를 갖추어야 한다.

넷째, 위기 발생 시 조직 구성원을 최우선으로 보살피고, 이들을 활용해야 한다. 특히, 사업장 내 사고 등에 있어서는 근로자들의 안전과 피해 구제가 우선이다. 또한 대외발표에 앞서 조직 구성원들 간 공감대 형성을 통해 일사불란한 위기 대응을 해야 한다.

다섯째, 발표문은 진정성이 담긴 좋은 스토리를 만들어야 한다. 좋은 스토리는 위기를 기회로 바꿀 수 있다.

여섯째, 스토리와 시스템으로 소통해야 한다. 위기관리는 소통의 과정이고, 대화와 설득의 과정이다. 대내외 이해관계자를 대상으로 다양한 매체를 통해 소통이 이루어져야 한다.

일곱째, 언론을 회피하기보다는 대의명분에 맞는 스토리를 가지고 적극적으로 대처해야 한다.

여덟째, 절대 거짓말을 하면 안 된다. 거짓말은 위기 관리에서 가장 흔히 일어나는 실수이자, 가장 어리석은 실수이다. 무엇인가를 숨기는 듯한 인상을 주어서는 안 된다. 그러나 아쉽게도 우리나라에서 발생한 거의 모든 사건이나 사고에서 대다수 기업이나 협회 등 기관들은 거짓말을 하거나 속인다는 인상을 주는 경향이 있다. 이해관계자 등의 질문에 대한 묵묵부답이나 침묵으로 일관하는 것도 때에 따라서는 진실을 왜곡하거나 속인다는 인상을 준다는 점에서 좋은 대처방식이 아니다.

아홉째, 조직 구성원의 형사 처벌이 이루어지지 않도록 최대한 노력해야 한다. 특히 경영진의 형사 처벌은 기업의 이미지 훼손은 물론 기업의 위기 관리 차원에서 심각한 영향을 줄 수 있다. 국내 주요 그룹 총수들의 잇단 형사 처벌은 해당 그룹의 발전을 상당 기간 후퇴시킨 것은 물론 한국 경제의 발전에도 매우 부정적인 영향을 주고 있다. 정치권과 사법부의 기업인에 대한 형사 처벌은 매우 신중히 할 필요가 있다.

끝으로, 마무리를 잘해야 한다. 이미 발생한 사건, 사고 등으로 새겨진 부정적인 이미지는 쉽게 사라지지 않는다. 대내외 이해관계자 등과 지속적인 대화와 소통을 통해 서서히 부정적인 이미지를 지워 나가야 훗날 긍정적인 에너지로 반전될 수 있다.

이같이 나름대로 원칙이나 매뉴얼에 입각하여 위기 대응을 함으로써 위기를 기회로 활용한 사례는 존슨앤존슨, P&G와 같은 다국적 기업들에서 흔히 찾아볼 수 있다. 국내에서도 음료회사 아리수 등의 위기 대응 사례가 있다. 이러한 기업들의 위기 대응 방식은 참고할 만하다.

존슨앤존슨 위기 대응 사례

1982년 시카고에서 존슨앤존슨의 타이레놀 캡슐을 먹고 48시간 내에 7명이 사망하는 사건이 발생한 적이 있었다. 이때 사망 원인이 독극물인 시안화물Cyanide로 밝혀지자 이 회사의 타이레놀 사업(총매출의 7%, 순이익의 17% 차지)은 큰 타격을 입게 되었다. 시안화물은 혈액의 산소수송 능력을 떨어뜨려 심장, 폐, 뇌를 손상시키는 물질로 알려져 있다. 동사는 사건 발생 1시간 만에 즉각적인 대응책을 마련하여 전 제품을 회수하고 생산과 광고를 일시 중단하는 조치를 취하였다. 또한 언론과의 협조 체제를 구축하여 제품의 회수부터 구입자의 복용 금지, 의사·병원·유통업자에 대한 경고 사항 전달과 대응책 안내 등까지 많은 도움을 받았다. 또한 시카고 근교에 임시 실험실을 설치하여 즉각적인 검사와 함께 각계 전문가 확인 작업에 착수하였다. 이 과정에서 약 10억 달러의 비용을 사용하였다. 사건 발생 6주 후에는 미국 전역에 회사의 조치와 입장을 밝히는 기자회견을 하였다. 이러한 신속하고 진정성이 깃든 대응 조치의 결과로 존슨앤존슨은 소비자 신뢰를 회복할 수 있게 되었다. 그리고 사건 발생 6개월 만에 사건 전 시장점유율(35%)에 가까운 32%의 시장점유율을 회복할 수 있었다. 존슨앤존슨은 이 사건을 계기로 회사 차원의 위기관리 및 지속가능성에 대한 인식이 높아져 사건 초기에 구성한 위기관리위원회를 현재까지 운영하고 있다. 또한 1943년 발표된 사내윤리강령 '우리의 신조Our Credo'에 경영환경 변화를 반영하였으며 세계에서 가장 존경받은 기업 중 하나로 좋은 이미지를 유지하고 있다. 회사 내부적 측면에서도 종업원의 책무와 자부심을 높이는 요인으로 작용하여 존슨앤존슨의 직원 이직률은 글로벌 우수기업들 중에서도 매우 낮은 편이다. 존슨앤존슨은 2002년 《포춘》 선정 '세계에서 가장 존경받는 회사' 7위를 기록하였다. 위기관리 능력을 높이 평가받아 미국 PR협회의 실버앤빌상Silver Anvil Award을 수상하기도 했다. 존슨앤존슨의 타이레놀 사건은 나중에 제조 과정상의 실수가 아닌 것으로 밝혀졌지만, 이 회사는 제품의 안전성 확보를 위해 패키지를 교체하였을 뿐만 아니라 최초로 FDA에 의해 의무적으로 규정된 훼손방지 포장을 자발적으로 실행하였다.

출처: 『사업의 길』(이병욱 저)와 『우리의 미래, 환경이 답이다』(이병욱, 이동헌 외 공저)에서 요약 발췌

5 지속가능발전 비전, 목표, 전략 및 실행 계획의 수립과 실행

비전이 없고 인간존중 등 핵심가치를 추구하지 않는 기업이나 조직은 장수하거나 지속가능한 발전을 할 수 없다. 반면 비전과 꿈이 있고 가치를 추구하는 기업에는 우수 인재가 몰리고 소비자들도 충성을 한다. 소비자들은 이러한 회사의 제품과 서비스를 구입하고 입소문도 낸다. 기업 구성원의 원활한 소통과 주인의식 함양을 위해서도 비전과 가치경영은 중요하다.

가정이나 가문의 경우에도 비전에 상응하는 좋은 가훈이 있고, 이를 실현하기 위한 전략이 있는 가문들은 대대손손 번창하는 사례가 적지 않다. 한국의 경주최씨 부자는 300년간 청빈하면서도 베푸는 명가 집안이었다. 아일랜드의 오닐가는 선조들의 정신이 담긴 가훈과 선점 전략 덕택에 1500년간 대를 이어올 수 있었다.

아일랜드 오닐가의 비밀

아일랜드의 오닐가는 1500년간의 명맥을 이어 오고 있다. 고대 이베리아의 오닐 가문이 아일랜드를 발견한 뒤에 그 가문의 헤레몬과 형제들이 아일랜드를 정복하기 위해 험난한 원정을 떠난다. 많은 장애물이 형제들의 여정을 어렵게 했지만 그들은 낙토에 대한 비전과 실패를 두려워하지 않는 용기로 그 땅에 도착할 수 있었다. 아일랜드의 통치권을 놓고 형제들은 경쟁을 벌였다. 먼저 상륙하는 사람이 통치자가 되기로 한 것이었다.

그들 중 가장 용기 있고 창의성이 뛰어났던 헤레몬은 자신의 손목을 잘라 뭍으로 던짐으로써 경기에서 승리하고 통치권을 획득했다. 후손들은 이러한 헤레몬의 정신을 계승하기 위해 붉은 손을 가문의 상징으로 삼았다. 그 문장을 통해 선조들의 위대함을 알리고 후손들의 응집력을 강화한 것이었다.

후손들은 조직과 제도를 적절하게 제정하고 정비하며 시스템화해 나갔다. 후손들 중에 걸출한 인물이 나와서 가문이 번성할 수도 있지만 그렇지 않은 경우를 대비하여 지속적인 발전을 위해 시스템화를 통해 조직의 안정화를 도모한 것이다.

또한 오닐 가문은 당시 장자 상속제도가 존재하지 않아 형제들 중에서 가장 힘이 센 사람이 승계를 하는 문화를 가지고 있었다. 이때 승계를 받지 못한 형제들은 각자 독립을 해 다른 부족들을 세우기도 했다. 비록 서로 다른 부족으로 나누어졌지만 모두 선조들의 정신을 이어가기 위해 자신들만의 문장을 만들었다.

오닐 가문이 이렇게 성장할 수 있었던 데에는 지리적 요인의 영향도 있었다. 오닐가는 아일랜드의 중심부에 위치한 타라의 언덕을 지배하였다. 타라의 언덕은 아일랜드의 중심이자 다른 지역보다 높은 언덕에 위치하였다. 이러한 지리적 특성은 주변 다른 지역을 모두 살펴볼 수 있어 정보를 획득하는 데에 도움을 주었다. 오닐가는 정보를 누구보다 빠르게 수집하여 행동으로 옮겼고, 세상의 흐름에 따라 변화하며 진화해 오랜 기간 살아남을 수 있었다.

이러한 오닐가의 정신은 기업의 장기 발전에도 시사하는 바가 크다. 기업은 오랜 기간 살아남기 위해 미개척 분야에 대해 눈을 떠야 하고 그에 창의적 발상을 더해 자신들의 것으로 만들어야 한다. 기업의 철학을 담은 구체적이고 단순한 상징들을 개발하고, 안정적인 운영 시스템을 구축시키는 데에도 진력해야 한다. 그리고 선점하는 능력을 갖추는 것이다. 누구보다 세상의 흐름을 빠르게 읽어야 하고, 그 흐름 속에서 창의적인 생각을 빠르게 행동으로 전환하는 결단력이 필요하다. 그에 대한 피드백도 즉각적으로 제시되어야 한다. 비록 오닐가는 풍요로움에 안주하고, 형제들 간의 불화로 역사에서 밀려나게 되었지만, 어느 기업이든 성공에 안주하지 않고 시대의 흐름과 변화에 맞춰 창의성을 발휘하고 견고한 시스템을 갖춰 나간다면 지속적으로 성장하는 기업으로 거듭날 수 있을 것이다.

출처: 네이버 블로그 '독서전략연구소', 전진문의 『1500년 지속성장의 비밀—아일랜드 명문 오닐가』 외

조직 구성원은 공동체 번영을 위한 가치와 기업의 이익이 조화를 이루도록 학습하고 몸에 배게 해야 하며, 사실Fact에 입각하여 신중히 판단하고 실행하도록 훈련되어야 한다.

지속가능한 발전을 추구하려면 기업 구성원 모두 기본에 충실Back to the Principle해야 한다.

시장은 서로 죽이고 죽는 '정글의 법칙'이 작동되는 곳이 아니라 거래 조건이 맞을 때만 거래가 성사되는 상생의 공간이다. 기업 구성원은 기본적으로 상생의 정신으로 사업에 임해야 한다. 남에게 득이 되지 않는 사업 제안이나 물건을 내놓아서는 안 된다. 남을 배려하는 것이 일시적으로 손해를 보는 일처럼 보일지 모르지만 장기적으로는 사업에 큰 도움이 된다. 내 입장보다는 상대의 입장에 서서 거래나 협력을 추구해야 한다. 당장은 이익이 나지 않더라도 길게 봤을 때 상대방이 내편이 되어 보다 더 큰 이익의 기회를 가져다준다.

법질서를 철저히 준수하는 것은 어리석은 짓이라고 생각하는 기업 구성원이 적지 않다. 하지만 '손해를 보는 한이 있더라도 우리 회사만이라도 법질서를 엄정히 지킨다'는 정신으로 사업에 임해야 한다. 그래야 스스로 떳떳하고 당당해질 수 있다. 사업체가 잘될 때는 문제가 없지만, 사업이 제대로 잘 풀리지 않아 사업체 구성원 간에 갈등이 발생하거나 외부로부터 문제가 생기는 경우에는 그동안 꼼수를 부려 일을 처리했거나 법규를 어겼던 일이 약점이 될 수 있다. 이로 인해 회사가 곤경에 처하거나, 불리한 협상에 노출되어 손해를 보거나 위험에 처하는 경우가 적지 않다. 기업의 구성원은 국가사회 지도층의 일원으로서 후손들이 살아갈 이 땅을 정직하고 법을 잘 지키는 사람이 더 나은 보상을 받고 잘 살 수 있도록 힘써야 한다.

기업인과 최고경영자는 비전과 목표 그리고 전략 등에 대한 공감대를 형성하는 일Concensus Building에 노력을 기울여야 한다. 공감대 형성을 위해서는 쌍방향 대화인 소통을 잘해야 한다. 조직 구성원은 서로 마음을 열고 경청하지 않으면 소통이 잘 이루어지지 않는다. 권위주의가 아직 강하게 남아 있는 사회에서는 구성원 간 소통이 잘 이루어지지 않을 때가 많다. 특히 상하 간 소통은 더욱 어렵다. 이는 상대방을 있는 그대로 바라보고 그대로 인정해 주지 않는 데 한 원인이 있다. 상사든 부하든 간에 어떤 선입견을 가지고 바라보거나 자기 주장만 강하게 내세우면 소통이 어려워진다. 과거 성공 경험이 많은 기성세대일수록 더욱 그런 경향이 강하다.

기업에서 소통을 잘하려는 이유 중 하나는 구성원 간 조직의 비전과 목표를 공유하고 스스로 실행하려는 의지를 갖게 하려는 것이다. 그래야 구성원 간 권한 이양과 상호 협력을 통해 지속가능한 경영을 실현해 가는 것이 용이해진다.

세상의 모든 것은 끊임없이 변한다. 조직 구성원이 올바른 가치관을 확립하지 않으면 작은 유혹과 시련에도 흔들리기 쉽다. 돈과 명예와 권력만 추구하는 삶이 아니라 의미 있고 가치 있는 삶을 추구하도록 조직문화를 만들어 가야 한다. 하지만 가치관이 제대로 확립되어 있다 하더라도 왜곡된 사실에 입각하여 의사결정을 하는 경우에는 지속가능한 발전과 거리가 먼 선택과 행동을 할 수 있다. 기업은 현장에서 답을 찾고 사실Fact에 입각하여 매사 신중히 의사결정을 해야 한다.

돈과 권력 등 세속적인 욕망만 추구하는 각박한 세상에서 미래세대가 기성세대보다 경제적인 풍요 속에서 더 의미 있고 보람 있게 살게 만들려면 가정과 학교 등 지역공동체에서부터 변화가 일어나야 한다. 특히 기성세대와 기업 구성원은 자녀들이 돈만 많이 벌고 높은 지위의 사람이 되라고만 기대할 것이 아니라 정직하고 남을 배려하며 법질서를 지키고 공정하게 경쟁하며, 국가와 사회 공동체에 헌신하고 기여하는 사람으로 자라도록 격려하고 자신들부터 솔선해야 한다. 그래야 미래세대가 각자의 영역에서 보람을 느끼며 지속가능한 사회와 기업을 실현하는데 기여할 수 있다.

우리 각자가 공동체를 살리고 더불어 평화롭게 사는데 기여할 가치관을 확립하는 것은 기성세대와 기업의 의무이다. 이것이 지속가능한 사회와 기업의 실현을 앞당기는 길이다.

행복지수 세계 1위 국가인 덴마크의 모든 자유학교에서는 이 사회에서 함께 더불어 사는 존재임을 확인하기 위해서 함께 노래 부르기로 하루의 일과를 시작한다. 프랑스 파리에 본부를 두고 있는 200년 이상 된 세계적인 봉사단체 성 빈체시오 아 바오로회는 매주 협의회 회합 시 회가로 회합을 시작한다. 성공하는 많은 기업들이 사가나 좋은 노래를 임직원이 함께 부른 후 일과를 시작한다. 미국 정부의 모든 행사 시 국가를 부른 후 시작한다. 우리나라도 과거에는 애국가가 모든 행사에서 행해졌다. 그러다 언제부턴가 국기에 대한 경례만 하고 애국가를 부르지 않고 있다. 우연의 일치인지는 몰라도 우리 사회의 공동체 의식이 크게 약화되고 있다.

조직에서 공동체 연대의식을 불러일으킬 수 있는 좋은 수단으로 구성원들이 함께 모여 합창하는 것만큼 효과적인 것이 없다. 덴마크 학교 관계자와의 인터뷰 결과를 보자. 그들은 이사회에서 함께 더불어 사는 존재임을 확인하기 위해 의식적으로 합창을 해 오고 있고 그것이 오랜 전통이라 자랑한다.

수업 전 매일 합창을 하는 이유

우리는 매일매일 하루의 수업을 이렇게 다함께 노래 부르기로 시작합니다. 덴마크의 모든 자유학교에서 행하는 오랜 전통이죠. 함께 노래를 부르는 일은 우리가 이 사회에서 더불어 사는 존재임을 확인하는 의식입니다. 개인도 중요하지만 공동체 속에서 잘 어울려 사는 것도 중요합니다.

출처: 오연호, 『우리도 행복할 수 있을까』 중에서

우리 사회 모든 조직이 하루 일과를 시작하기 전에 함께 애국가나 사가 등을 합창하며 일과를 즐겁게 시작하면 연대감이 더 생기고 조직의 활력과 생산성도 높아지지 않을까 하는 생각이 든다.

예술의 전당 대표였던 고학찬 사장은 기업체 강연을 다니면서 그룹 오너들에게 회사 내 합창단을 만들고 사가로 하루를 시작할 것을 권한다. 그의 권고를 받아들인 한국화약그룹(김승연회장) 등 여러 기업체에서는 그렇게 하고 있다고 한다.

기업에서 공감대 형성하는 방법을 제대로 알 필요가 있다.

우리사회는 다수결원칙을 남용하여 소수의견을 무시하는 경향이 아주 많은 편이다. 이로 인해 조직에서 소외되고 조직 공동체가 사분오열되는 경우가 적지 않다. 필자도 20년 이상 봉사단체에서 거의 매주 회합을 해오고 있는데, 회장이라는 완장을 채워주었더니 다수결로 결정했다며 소수의 좋은 대안들을 무시하고 자기 뜻대로 일방적으로 회를 운영하는 사례를 많이 보아 왔다. 이러한 비민주적인 조직 운영으로 회원들이 이탈하거나 신규 회원이 들어오지 않고 잘못된 의사결정으로 회 조직이 위기에 빠진 사례도 목격하게 되었다.

민주적 의사결정을 만장일치로 잘못 이해하고 있는 기성세대가 많다. 소수의견을 존중해서 의사결정을 하라고 했더니 '만장일치로는 조직을 운영할 수 없다'며, 다수결 제도를 악용해 회장 멋대로 결정하는 사례는 거의 모든 조직에서 흔히 볼 수 있는 현상이다. 국회나 정당에서조차 이와 유사한 행태가 자행되어 오고 있다.

공감대 형성이란 만장일치는 아니지만 의견을 달리하는 소수의견을 경청하는 것은 물론 다수의견이라고 해서 그냥 투표로 몰아붙이는 것이 아니라 다수가 주장하는 의견이 왜 소수의견과 다르고 무엇을 하려고 하는 것인지를 반대하는 사람이나 다른 대안을 생각하는 사람들에게 충분히 설명하고 이해를 구하라는 것이다. 그래서 반대자들조차 다수결로 결정하려는 것이 무엇이고 그들이 기대하는 목표가 무엇인지를 충분히 알게 한 후에 다수결 의견에 따라 일을 처리하라는 것이다.

다수결로 결정하더라도 반대하는 사람이나 의견을 달리하는 분들에게 다수결로 결정하려는 내용과 기대 효과나 채택 이유 등을 충분히 설명하고 다수결 안의 취지를 이해시킨 후 결정하는 것이 기업의 지속가능발전에 도움이 된다. 반대 의견을 가진 사람들도 어떻게 해서 다수결 안이 채택되었는지는 이해하고 있어야 함께 협력할 수 있는 것이다, 또한 다수결 안이 채택되었더라도 그것이 완벽한 최선의 안이 아닐 수 있다. 사업을 추진하는 과정에서라도 소수의견이나 반대 의견이 보다 나은 대안이란 사실이 밝혀지면 이들의 의견을 신속하게 수용하는 유연함도 보여주어야 한다. 이러한 민주적인 의사결정 프로세스와 문화를 갖고 있는 조직은 구성원 간 갈등이 적고 지속가능한 발전을 이어가게 된다.

공감대 형성Concensus Building을 잘하는 방법으로 아래의 제안들을 적용해 보면 좋을 것이다.

> **첫째**, 최선의 방안이 아니라 차선의 대안을 염두에 두어라. 세상에 최선의 방안이란 없는 것 같다. 주어진 시간과 자원 안에서 차선책을 선택하는 것임을 이해한다면 조직 구성원간 공감대 형성도 용이하고 신속한 의사결정도 가능해진다.
>
> **둘째**, 구성원의 의견을 최대한 수렴하라. 소수 엘리트의 의견도 중요하지만 기업 내외부의 집단지성의 지혜는 더 중요하고 힘이 있다.
>
> **셋째**, 의사결정 안을 제시할 때 2개 이상의 대안을 제시하라.
>
> **넷째**, 다수의 의견이 모이더라도 반대하는 이나 소수의견을 가진 사람들에게 다수의견 안을 충분히 설명하고 선택한 이유를 이해시켜라.
>
> **다섯째**, 그런 다음 합의 도출이 어려운 경우에 투표 등을 통해 최종 방안을 결정하라.
>
> **여섯째**, 세상에 완벽한 방안이 없음을 인정하고 언제든 좋은 아이디어가 제시되면 수정·보완할 수 있는 여지를 남겨 두어라.

여기에 더하여 각 대안을 만들 때 가급적 비용 편익 분석을 객관적으로 실시하고 서로 비교 · 가능하도록 하여 구성원 간 다툼의 소지를 최소화하면 좋을 것이다.

▌참고 ▌ 갈등관리 패러다임의 변화

전통적 관점

현대적 관점

전통적 관점	현대적 관점
갈등이란 발생해서는 안 되는 것 갈등에 대한 거부감 표출	불가피한 사회적·조직적 산물 갈등에 대한 수용적 태도
정책목표와 조직의 성과 달성에 방해가 되므로 방지와 제거의 대상	사회적 생산성 제고를 위한 적극적인 갈등예방 및 해결
가부장적(Paternalistic) 갈등관리 억압적	합의형성(Consensus Building) 중시 참여와 협력

갈등이 잠복

갈등의 적극적 관리

공공 갈등에 대한 인식변화

사후적 갈등해결 → 사전적 갈등예방

정책추진결과의 중요성 → 정책추진 과정의 중요성

행정 및 정책의 효율성 → 행정 및 정책의 민주성과 행정성

사법적 판결(독자적 관리) → 당사자간 협상(조정, 중재 등)

자료: 국무조정실, 공공기관의 갈등관리 매뉴얼 pp7

⑥ 가치중심 경영으로 지속가능발전 도모

▍가치중심 경영의 실현 방안

(1) 매사에 생명과 인간을 존중하고 배려하는 비전을 제시하고 기업 구성원 모두가 공유

(2) 감성가치중심의 품격경영 실현

(3) 정직성에 대한 개념을 서구식으로 전환
    (심각하고 중요한 것부터 우선적으로 밝혀라)

(4) 경험가치를 창출하는 디자인적 사고로 지속가능발전 실현.

(1) 생명과 인간을 존중하는 가치경영 실현

오늘날은 감성가치를 중시하는 품격 경쟁의 시대이다. 단순히 가격이 싸고 품질이 좋은 것만으로는 기업이 성장하는데 한계가 있고 최우량기업으로 지속가능한 발전을 하기 어렵다. 이는 시장에서 가격이나 품질 경쟁이 치열해진 탓도 있지만 소비자와 투자자 등 이해관계자들의 안목과 인식이 그만큼 높아진 탓이다.

더구나 IT 및 정보통신기술의 발달과 SNS 활용이 보편화되고 공시의무가 강화되면서 기업 활동의 전 과정이 투명하게 드러나 소비자나 투자자들은 좋은 상품이나 서비스의 식별은 물론 진정성 있게 고객을 배려하는 기업인지 식별할 수 있게 되었다. 기업은 소비자의 기본적인 욕구를 충족시켜 주는 것은 물론 그들

자신이 존중받고 있고 자긍심를 느끼게 해주는 기업이 어디인지 식별할 수 있게 된 것이다. 설령 개인적으로는 소비자를 배려하는 기업을 식별할 수 없다 할지라도 인터넷과 SNS가 이를 가능하게 해주고 있다. 어떤 제품이나 서비스에 대해 단 몇 사람만이라도 식별할 수 있는 능력이 있으면 이들이 터득한 정보를 공유함으로써 대다수 소비자가 기업의 모든 정보를 공유하게 되었다. 즉 소비자들은 자신들의 품격을 높여 주고 존중해 주는 기업이 누구인지를 쉽게 파악하고 식별할 수 있게 된 것이다.

기업의 오너나 최고경영진은 물론 모든 구성원들이 어떠한 태도로 소비자나 이해관계자를 대하는지가 백일하에 드러나게 된 것이다. 따라서 기업은 생명과 인권을 존중하고 약자를 배려하는 기업인지를 구성원 모두가 고객에게 진정성 있게 보여주는 노력을 경주해야 한다. 일시적인 이벤트로 감성가치 경영을 하는 것으로 포장할 수 있으나 이는 오래가지 못한다. 기업 구성원의 언행이 회사의 비전과 목표 등과 일치하지 않을 경우 기업 이미지는 오히려 더 나빠질 수 있음에 유의해야 한다.

기업은 매사에 생명과 인간존중적 사고와 판단을 해야 한다. 예컨대 부정한 투자 자본이 회사에 흘러들어 오는 것은 아닌지, 인권을 억압하는 기업과 거래하거나 협력하는 것은 아닌지, 인권을 탄압하는 국가나 기업의 근로자들이 만든 제품을 중간재로 사용하는 것은 아닌지, 개도국의 미성년자나 죄수를 이용한 노동 착취에 의해 제품을 만드는 것은 아닌지, 정치적인 편향성이 있는 언행이 기업에서 이루어지고 있는 것은 아닌지, 사업장 주변 환경오염이나 지구생태환경을 훼손하는데 회사가 직간접적으로 기여하는 것은 아니지, 사회적 약자를 위해 배려하는 활동을 하고 있는지 등을 고려해야 한다.

기업은 생명과 인간존중의 가치경영을 할 것임을 비전으로 선포하고 이를 전 구성원이 공유하며, 기업의 전략과 실행계획에 반영하고 자원을 할당하고 실행해야 진정성을 보여 주는 것이다.

예를 들어 2020년 7월 중국 정부가 홍콩보안법을 통과시키고 중국 진출 기업들에게 홍콩보안법을 지지해 주도록 압력을 행사한 적이 있다. 이에 굴복해 홍콩 시민들의 시위를 비난하는데 협조했던 일부 기업들은 소비자들의 불매운동과 비난 등으로 큰 시련을 겪고 있다. 또한 자동차 배기가스 배출량 수치 등을 조작한 세계적 자동차 기업들이 리콜 사태 등으로 막대한 매출 손실은 물론 기업 이미지 추락으로 장기적 성장에 큰 타격을 받게 되었다. 이렇듯 소비자들이 단순히 가격이나 품질만 보고 상품이나 서비스를 구매하던 시대는 사실상 끝난 것이다.

경쟁이 심하지 않던 1960년대 말까지만 해도 물건은 만들기만 하면 팔린다는 생각이 통했다. 그 당시는 시장에 경쟁자도 거의 없었고 대량으로 물건을 생산하는 기업들도 그리 많지 않았기 때문에 기업들은 소비자를 그리 의식하지 않아도 물건을 파는 데 큰 어려움이 없었다. 설령 경쟁 상대가 일부 나타난다 하더라도 물건만 싸게 대량으로 만들 수 있다면 소비자를 끌어들이는 데는 별 어려움이 없었다. 그러나 시장에 참여하는 경쟁 기업들이 늘어나고 대량생산이 보편화되면서 소비자들이 물건을 고를 수 있는 위치로 바뀌었다. 기업 입장에서 아무리 좋은 물건을 만들어 시장에 내놓고 홍보해도 소비자가 다른 경쟁 상품을 선호하게 되면 자기네 물건은 안 팔리게 되는 것이다.

소비자가 선호하고 구매하는 것이 시장에서는 항상 올바른 것이다. 즉, 소비자가 최종 의사결정자인 셈이다. 옳지 않다고 소비자를 설득하고 교육을 시킨다고 해서 그들이 단기간에 마음을 바꾸어 물건을 사지는 않는다. 오히려 자사 제품이 좋다고 지나치게 홍보하게 되면 역효과가 나타나기도 하고, 경쟁 기업들로부터 역공을 받을 수도 있다. 설령 소비자를 설득시키는 데 성공한다 하더라도, 기업의 운명은 고객이 쥐고 있다는 점을 알아야 한다.

(2) 감성가치 중심의 품격경영 실현

세계 인구가 80억 명에 달하지만 사람마다 각기 다른 욕구(니즈)를 갖고 있다. 사람마다 각자 원하는 것이 다르지만 기업들이 만들 수 있는 것은 표준화된 제품일 뿐이다. 그래서 소위 '물건은 만들기만 하면 팔린다'는 법칙이 통했던 예전과는 달리 물건이 넘쳐나고 경쟁자가 계속 늘어나는 현대에는 다양한 고객의 니즈에 부합하는 맞춤형 상품이나 서비스를 공급하지 못하면 소비자나 시장으로부터 외면당한다. 많은 기업이 어떻게 하면 대량생산을 통해 생산비용을 줄이면서도 고객들이 원하는 맞춤형 상품이나 서비스를 제공할 수 있을지를 고민한다. 삼성전자의 경우도 2000년대 초반에 세계적인 마케팅 전문가를 모셔다가 대량 맞춤형Mass Customization 생산판매 방식에 대한 강연을 듣는 등 고객 맞춤형 전략에 대해 고심해 온 것으로 알려져 있다.

2000년대 중반 감성가치 경영을 위해 벤치마킹했던 일본의 아사히야마 동물원의 경우, 고객 맞춤형 서비스 제공으로 1996년 동물원 폐쇄 위기를 극복했다. 2010년대 들어서는 세계적인 동물원으로 거듭나게 되었다. 임직원들의 감성가치 경영 노력이 망해가는 동물원을 다시 찾게 되는 충성고객을 창출한 것이다.

특히 세계 최초의 행동전시 디자인을 바탕으로 최악의 지리적 조건을 경한 조건으로 차별화시키고, 시민들의 자발적인 입소문과 언론의 이슈화로 세계적인 동물원으로 재탄생한 성공 스토리는 눈여겨 볼만하다.

기업내 구성원들이 감성가치 경영을 할 수 있도록 하기 위해서는 우선 오너나 최고경영층 차원에서 생명과 인간을 존중하고 감성가치 경영에 대한 비전을 제시함과 동시에 기업 구성원을 가족으로서 배려해야 한다. 기업의 구성원은 고객과 시장의 축소판이다. 조직 구성원을 형제애로 배려하여 상호 신뢰를 바탕으로 구성원 각자가 자신만이 사용할 수 있는 공간과 시간을 갖게 해주는 것은 고객감동 경영을 실현하는데 매우 중요하다. 예컨대 구글의 직원들은 근무시간 중 20%의 시간을 자신이 만들고 싶은 것을 만들며 보낼 수 있다. 이 자유시간에 놀면서 직원들이 만들어 내는 것들이 구글 신제품의 절반을 차지하고 있다고 한다. 아사히야마 동물원의 경우도 각 사육장 및 주변의 게시판이나 안내판을 직원들이 자율적으로 사용하고 관리하도록 권한을 부여하였더니 창의적인 감성적 아이디어들이 많이 나와 관람객들을 감동시키고 있다. 또한 자신들의 노하우와 실패 경험 등을 공유할 수 있도록 배려하는 것은 임직원들로 하여금 시민과 고객을 배려하는 창의적 사고는 물론 도전정신을 갖게 만든다. 잘 준비된 실패조차 호되게 비판하고 불이익을 주는 대다수 조직에서는 감성가치를 창출할 수 있는 사업 아이디어가 나오기 힘들다.

이 밖에 아사히야마 동물원은 자발적인 학습 조직을 통해 고객층이나 사용기간 등에 따라 고객을 배려하는 감성가치 경영을 실현하였다. 예컨대 입장 시간이나 단체 입장 여부에 따라 티켓 가격을 차별화한다든지, 고객의 도착 시간이나 머무는 시간 등에 맞추어 개장 시간이나 폐장 시간을 신축적으로 조정하는 배려, 티켓 판매 장소를 시내 백화점 등으로 개방한 점, 사육사들의 고객을 위한 원 포인트 가이드, 실버고객을 위한 차량 및 좌석 서비스 등은 노동조합이 있는 공무원 조직에서는 상상조차 할 수 없었던 고객 맞춤형 서비스 감성가치 경영으로 누구든 배울 만한 사례이다.

〈아사히야마 동물원의 감성가치경영 사례〉

일본의 북해도 아사히가와에 위치한 아사히야마 동물원은 악조건 속에서 시민들에게 저렴한 휴양시설을 제공하자는 구호를 가지고 1967년 시립동물원으로 개원했다. 저렴한 입장료와 북해도 최초의 동물원이라는 매력 덕분에 곧 좋은 반응을 얻게 되었다. 그러나 주변의 대형 놀이공원이 등장하자 쇠락의 길을 걷기 시작하였다. 1994년에는 '에키노코쿠스 기생충 사건'으로 시설·위생 개선이 요구되었지만 기존의 과다한 놀이시설 투자로 추가 재정 투입이 어려워 시의회에서 폐원하자는 논의까지 이루어졌다.

에키노코쿠스 기생충 사건 이후, 임시 폐원 조치에도 불구하고 경제 불황까지 겹쳐 관람객 수는 계속 감소하였다.

내부 직원 출신 마사오 원장이 취임한 이후 창의적인 혁신과 감성적 가치 경영이 이루어지기 시작했다. 이후 동물원은 폐원 위기에서 벗어나 일본 제1의 동물원으로 탈바꿈하는 기적의 동물원이 되었다.

전 임직원이 함께 참여하는 학습회를 통한 혁신 노력으로 겨울철 개원(1999년), '펭귄과의 산책 프로그램(2002년)' 등 아이디어를 지속적으로 사업화하여 고객의 경험 가치를 창출했고, 입소문이 자자해지면서 많은 고객을 끌어들이게 되었다. 이와 같은 지속적인 혁신 노력으로 아사히야마 동물원은 『닛케이』 주관 2004년 일본의 10대 히트상품으로 선정, 2005년 후지TV에서 '기적의 동물원 이야기'로도 방영되었다. 2005년에는 도쿄 우에노 동물원을 제치고 관람객이 206만 명에 달하는 일본 내 1위 동물원으로 등극했다.

(3) 정직성에 대한 개념을 서구식으로 전환

감성가치 경영에는 정직함과 진정성 그리고 공정성(특히 하도급업체에 대한 차별대우나 공정경쟁법 위반 여부)도 내포하는 의미로 인식해야 한다.

정직과 관련된 태도에서 동아시아 지역 국가나 기업들이 놓치고 있는 중요한 점이 있다. 좋은 일이나 잘한 것은 앞에 내세워 자랑하면서 문제가 있거나 실패한 것은 마지막에 아무것도 아닌 것처럼 지나가는 말로 슬쩍 넘기거나 숨기려 하는 동양적 태도는 미국 등 서구사회 시각에서는 부정직한 태도로 오해받기 쉽다. 이러한 태도 때문에 미국인들은 아시아인들이 대체로 정직하지 않다고 생각한다.[19] 특히 중국의 경우에는 국가가 나서서 '좋은 것만 알리고 나쁜 것은 알리지 마라(報喜不報憂)'는 원칙을 천명하고 있다. 이로 인해 서방 세계에서는 중국 정부나 기업의 발표 통계를 전혀 신뢰하지 않는다. 그래서 투자자들은 중국이나 중국 기업에 투자를 꺼린다. 이와는 다소 정도의 차이는 있겠지만 일본 기업이나 우리나라 기업과 공조직도 잘한 것만 알리고 문제가 있는 것은 숨기려는 행태를 보인다.

---

19) 필자가 1992년 미국 해리티지재단에서 객원연구원으로 파견근무할 때 미국인 동료연구원이 조언 한마디 한다면서 정직에 대해 언급한 것이 있다. 그는 동양인들은 정직하지 않다는 것이다. 그 이유를 물어보니 미국인 입장에서 보면 동양인들은 좋은 일이나 잘한 일만 강조해서 언급하고 문제가 있거나 부정적인 것은 마지막에 지나가는 말처럼 하거나 숨기려 한다는 것이다. 그러면서 필자에게는 회의시 문제가 되거나 심각한 것부터 알려주고 잘한 것은 지나가듯이 하면 좋겠다는 것이다.

서구 선진국 기업처럼 지속가능한 발전을 하려는 기업은 문제가 있거나 개선해야 할 것은 먼저 공개하고 이들을 치유하려는 자세로 전환해야 한다.

"병은 소문내서 고치라"는 말이 있다. 기업에서 잘한 것은 즉시 기업의 성적표인 재무제표에 반영된다. 하지만 잘못되었거나 잠재적 위험은 주석으로 처리하거나 아예 숨기려는 성향을 보인다. 이는 지속가능발전 차원에서 보면 매우 잘못된 행태이다.

기업의 임직원은 성과평가나 승진 등 눈앞의 이해관계를 넘어 기업의 미래 발전에 위협이 될 부정적인 요인들은 솔직히 드러내 놓고 고치는 조직문화를 정착시켜야 한다. 기업 구성원의 실수나 부정직한 언행이나 조치로 민형사상 가벼운 벌금으로 해결할 수 있는 문제를 기업의 패망으로 몰고 가는 사례도 적지 않다. 과거 일본의 식품회사들이 불량제품 고발에 대해 이를 숨기고 변명으로 일관하다가 회사가 없어진 사례 등이 그런 예라 할 수 있다.

(4) 경험가치를 창출하는 디자인적 사고로 지속가능발전 실현

최신 트렌드인 경험 가치는 경험 경제, 경험 경제 마케팅, 경험 가치 매니지먼트 등의 표현으로 점차 그 영역을 넓혀 나가고 있고, 경험 디자인이나 경험 가치 디자인 등도 많이 사용되고 있다.

조지프 파인 2세 제임스 길모어는 『경험 경제』라는 책에서 200년 전에 산업혁명을 겪고, 20년 전에는 제조업에서 서비스 경제로 이동했듯이, 지금은 경험 가치 경제로 엄청난 이동을 하고 있다고 강조한다. 소비자에게 제품의 가격이나 품질을 파는 것이 아니라, 경험을 할 수 있는 환경을 판매한다고 보았다.

다시 말해 새롭게 디자인된 제품이나 서비스를 통해서 경험 가치가 창조되고, 이 경험은 경제적 가치가 있다는 것이다.

도널드 노먼은 『이모셔널 디자인』이라는 책을 통해서 정서 디자인이나 감동 디자인에 대한 주장을 펼치기도 했으며, 콜롬비아대학교 번 슈미 교수는 1990년대 말에 디자인적 사고를 경험 가치 마케팅 이론으로 확장시키기도 했다.

경험 가치는 앞으로 비즈니스에서 새로운 영역을 구축할 수 있을 것이다. 예를 들어 스타벅스의 커피는 왜 자판기 커피보다 비쌀까? 이것은 단순히 커피 한 잔 값에 관한 문제가 아니다. 커피의 질은 물론이고 그 커피를 마시고 있는 장소의 분위기, 의자의 편안함, 인테리어에서 느끼는 만족감 등 커피를 마시는 사람이 오감을 통해 온몸으로 체험하는 직접적인 가치가 반영된 결과이다.

그리고 스타벅스 브랜드의 파워도 무시할 수 없는 요소이다. 자판기 커피는 맛을 떠나서 스타벅스의 커피 한 잔이 주는 경험을 제공해 줄 수 없기 때문에 감동의 크기와 깊이, 그리고 여기서 얻어지는 행복감과 의미, 즉 경험 가치가 떨어질 수밖에 없는 것이다. 물론 이것은 사랑하는 사람과 길거리에서 담소를 나누며 마시는 자판기 커피 한 잔과는 또 다른 의미이다. 스타벅스는 최고경영자인 하워드 슐츠의 말대로 단순한 소비재로서의 커피 한 잔이 아니라 특별한 품질, 서비스와의 만남을 통해 색다른 체험과 관계를 만들어 가는 공간이다. 스타벅스는 문화적 경험을 브랜드화한 커피 서비스를 제공하는 데 역점을 두는 전략과 철학을 가지고 스타벅스만의 문화를 체험할 수 있는 기회를 제공하고 경험 가치를 창조해 내는 것이다.

그런데 문제는 지금까지 경험 가치의 중요성을 주장하는 사람들은 그 경험 가치를 이끌어 내는 경영자의 힘, 즉 실행할 수 있는 대안을 우리에게 가르쳐 주지 못했다. 그것이 곧 디자인이며, 디자인 경영인데도 말이다.

마케팅의 대가인 필립 코틀러는 고객은 제품 퍼포먼스보다도 경험을 중시한다고 했다. 소비자인 고객은 제품 자체의 특징보다도 '제품을 통해 어떤 경험을 할 수 있는가?'에 초점을 맞추고 있다는 것이다. 아사히야마 동물원의 체험 관광이 인기를 끌고 있는 이유는, 단순히 동물원의 동물들을 구경하듯이 눈으로만 보는 것이 아니라 자신이 직접 몸으로 체험함으로써 느낄 수 있는 경험 가치를 중요하게 생각하기 때문이다. 농촌에서 직접 작물을 수확해 보거나 소젖을 짜 보거나 물고기를 잡아 보는 직접적인 체험이 새로운 가치를 만들어 내는 것이다.

물론 레저를 목적으로 즐기는 스포츠나 놀이기구 이용, 그리고 아무것도 하지 않고 앉아서 산림욕을 즐기는 일도 직접적인 체험을 통해 경험 가치를 창출해 낸다. 또 독서를 통한 간접 경험도 책을 어디에서 어떻게 읽고 있느냐에 따라서 그 자체가 새로운 지적 경험을 만들어내는 경험 가치이다.

우리들이 하는 모든 행동과 사고는 경험 가치를 창조해 내는 일과 밀접한 관련이 있다. 우리들의 일상생활 자체가 경험 가치를 창출하는 디자인이며, 그래서 우리들은 디자이너이다.

현재 전 세계를 중심으로 디자인의 중요성과 디자인이 새로운 미래 경쟁력이라는 공감대가 확산되어 있다. 본질적인 경험 가치 창조를 위한 원점은 디자인이다. 디자인은 개인에게 경험 가치를 제공해 주며, 기업에게는 고부가가치를 창출시킨다. 또한 브랜드 가치를 높여 주기도 하고, 기업의 지속가능한 발전과 미래 경쟁력을 확보할 수 있게 만드는 수단이 될 수 있다.

그리고 중요한 것은 변화 관리와 창조적 혁신을 조직문화로 승화시켜야 한다는 점이다. 한국 경제와 기업의 발전과정을 돌아보면 선진국 경제나 기업들을 모방하면서 성장해 왔다고 해도 지나친 말이 아니다. 이렇게 남을 베껴서 성장하는 동안에는 해외정보에 밝고 값싼 인력을 이용하여 값싸게 물건을 생산해 팔더라도 살아남을 수 있었다.

그러나 이제 사정이 달라졌다. 우선 서방 국가나 다국적 기업들이 한국 기업들에게는 기술을 팔려고 하지 않는다. 그만큼 한국의 기업들이 덩치가 커져 위협적인 존재가 되었기 때문이다. 또한 비싸게 외국의 기술이나 특허를 사려고 해도 살 것이 별로 없는 산업들이 늘어나고 있다. 반도체, 2차전지, 휴대폰, 조선 등과 같이 세계에서 1등을 하는 제품들은 더 이상 다른 나라에 의존할 바가 없는 것이다.

이러한 현실에서 삼성전자와 같은 최고의 기업들은 1등을 지키기 위해 스스로 새로운 것을 만들어내지 않으면 안 되는 처지가 되었다. 그래서 초일류 기업들은 오래전부터 어떻게 하면 조직을 창조적으로 바꿀 수 있을까 고민을 해오고 있다. 삼성이 2000년대 초에 '일본 북해도의 아사히야마 동물원의 사례에 주목했던 것은 그들의 혁신적인 경영이 창조적 경영을 학습하는 데 도움이 될 수 있었기 때문이다. 아사히야마 동물원은 인구 35만 명의 소도시에 위치한 동물원이다. 겨울이 되면 영하 25℃까지 온도가 떨어지는 추운 날씨와 한겨울에는 8시간밖에 사용하지 못하는 짧은 낮 시간 때문에 1967년 개원 이래 관람객 수가 점점 줄어 1990년대 중반에는 폐원 위기까지 몰린 적이 있었다. 그러나 임직원들의 창의적인 사고와 혁신적인 디자인 경영으로 2000년 들어 경이적인 관람객 수를 기록하며 세계적인 동물원으로 성장하였다. 아사히야마 동물원의 사례는 약자 위치에 있는 소규모 기업들의 생존과 장수를 위해 창조적 사고와 디자인 경영이 무엇인가에 대한 해답을 줄 수 있음을 보여주고 있다. 특히, 세계 최초의 행동전시 디자인을 바탕으로 최악의 지리적 조건을 유일한 조건으로 차별화시키고, 시민들의 자발적인 입소문과 언론의 이슈화로 세계적인 동물원으로 재탄생한 성공 스토리는 눈여겨볼 필요가 있다.

다만, 기업의 구성원들이 창의적인 사고를 할 수 있도록 만들기 위해서는 다음의 몇 가지 사항을 유념할 필요가 있다.

첫째, 조직 구성원들에게 각자 자기만이 사용할 수 있는 공간과 시간을 갖게 하는 것이다. 구글의 직원들은 근무시간 중 20%의 시간을 자신이 만들고 싶은 것을 만들며 보낼 수 있다. 이 자유시간에 놀면서 직원들이 만들어내는 것들이 구글 신제품의 절반을 차지하고 있다고 한다. 아사히야마 동물원의 경우도 각 사육장 및 주변의 게시판이나 안내판을 자율적으로 사용하고 관리하도록 권한을 부여하였더니 창의적인 아이디어가 나와 관람객들을 감동시키고 있다.

둘째, 사업자는 다른 산업의 사업자들과 정보교류를 확대하고, 기술개발 등에 적극 협력하는 방안을 찾으며, 직원들 간에는 자율적인 학습조직을 운영할 수 있도록 배려하는 것이 좋다. 그들 자신이 자발적으로 자신들의 노하우와 실패경험 등을 공유할 수 있도록 배려하는 것은 임직원들의 창의적 사고 유발은 물론 도전정신을 갖게 만든다. 이와 병행해 독서를 장려하는 문화나 비공식적 조직 활성화는 더욱 창조적 조직운영에 도움이 된다.

셋째, 디자인 경영에 대한 이해를 높여야 한다. 디자인이 미래 고객을 배려하는 것이고, 스티브 잡스의 지적처럼 디자인이란 제품이나 서비스 안에 있는 영혼과 같은 것이라는 것

을 이해할 필요가 있다. 소비자의 절반 이상이 제품의 디자인
만 보고 순간적으로 제품 구매에 관심을 보인다는 것을 기업
구성원들이 알게 된다면 지금까지의 모든 제품개발 정책 등은
크게 달라질 것이다.

7 청빈(淸貧) 또는 청부(淸富)의 삶을 사는 조직문화 구축

동물 중에서 가장 영리하여 사냥하기 힘든 동물이 원숭이이다. 하지만 열대 밀림 지역 아마존 원주민들은 욕심 많은 원숭이의 습성을 이용해 원숭이를 쉽게 잡는다. 원숭이 앞에 바나나와 같은 맛있는 과일을 놓아 주면 원숭이는 양손에 과일을 들고 있느라고 사람들이 잡으러 와도 나무 위로 도망칠 수 없다. 두 손에 쥔 바나나를 버리면 살 수 있는데도 그것을 움켜쥐고 있어 도망칠 수 없다. 원숭이처럼 우리 인간도 자기 욕심만 채우려다 어려움에 빠져드는 사람이나 조직이 적지 않다. 위기가 닥치면 구조조정이나 워크아웃Workout 등을 통해 언제든 몸집을 가볍게 할 수 있어야 위기 속에서 살아남을 수 있다.

기업의 구성원들에게 청빈과 청부의 정신이 몸에 배게 해야 위기가 닥쳐올 때 신속한 구조조정 등을 통해 조직이 살아남을 수 있다.

바나나 욕심(욕심꾸러기 원숭이 잡는 법)

아마존 원주민들이 원숭이를 사냥할 때 사용하는 방법의 하나가 큰 나뭇가지에 조롱박을 매어 놓는 것이다. 그 조롱박에 원숭이 손이 겨우 들어갈 수 있는 구멍을 뚫어 놓고 그 안에 원숭이가 좋아하는 바나나를 집어넣는다. 원숭이는 바나나를 먹을 욕심에 조롱박 안에 손을 넣고 바나나를 집어 들지만 조롱박에서 손을 빼내지 않는다. 원숭이 손이 겨우 들어갈 수 있는 작은 구멍이기에 무엇인가를 손에 쥐고서는 결코 손을 뺄 수 없기 때문이다. 바나나를 놓으면 손을 뺄 수 있지만, 바나나를 먹을 욕심에 원주민이 다가와도 손에서 바나나를 놓지 않는다. 결국 원숭이는 원주민에게 사로잡혀 목숨을 잃고 만다.

출처: 전북도민일보(2015.12.13.), 김동근의 「내려놓을 줄 아는 지혜」 중에서

청빈의 삶은 다양한 방식으로 정의할 수 있겠지만 적어도 "비록 부자라 할지라도 자신에게는 엄격하게 절제하는 삶을 살면서 이웃을 배려하는 삶"을 살아가는 것이다. 이러한 삶을 살아야 지속가능한 삶을 살아갈 수 있다. 요즘 유행하는 미니멀 라이프도 청빈과 유사한 효과를 가져다 줄 수 있다. 네이버 지식백과에 의하면, 미니멀 라이프Minimal Life란 절제를 통해 일상생활에 꼭 필요한 적은 물건만으로도 만족과 행복을 추구하며 살아가는 방식을 말하며, 이러한 생활 방식을 실천하는 사람들을 미니멀리스트minimalist라고 한다. 미니멀 라이프는 불필요한 것을 제거하고 사물의 본질만 남기는 것을 중심으로 단순함을 추구하는 예술 및 문화 사조인 미니멀리즘minimalism의 영향을 받아 2010년대 즈음부터 나타나기 시작했다. 인생에서 정말 소중하고 본질적인 것에 집중하여 자기 본연의 모습을 찾아가는 데에서 행복을 찾을 수 있다는 깨달음이 미니멀 라이프의 근간이다.[20]

청빈은 절제를 통해 어려운 이웃과 나누고 배려한다는 의미가 더 강하다는 점에서 차이가 있기는 하지만 지속가능한 삶의 관점에서 보면 비슷한 효과를 가져다준다는 점에 주목할

---

20) 네이버 지식백과, 「미니멀 라이프」(『시사상식사전』, 박문각)

필요가 있다.

청빈한 삶을 살려면 물질 소유 중심적 삶의 방식을 가치를 중시하는 삶으로 전환해야 한다. 돈이나 물질의 소유는 그 자체가 나쁜 것은 아니지만 그것의 지향점은 물질의 축적 자체가 아닌 공동체 번영이나 행복 추구 등을 위한 수단으로 사용해야 한다는 점이다. 그래야 삶의 보람을 느끼게 되고 더 가치 있는 삶을 살게 되는 것이다.

간송 전형필 선생(1906~1962)은 일제 강점기 국내 최대 부자의 한 사람이었다. 그는 자신만의 부를 축적하는 데에 관심을 두기보다는 국보급 문화재의 해외 유출을 막고 소중한 우리 문화재를 보전하는 데 거의 모든 재산을 사용했다. 그의 가치 중심적 삶 덕분에 오늘날 국보급 문화재를 일본에 빼앗기지 않고 지킬 수 있었다.

옛말에 부자가 3대를 넘기기 힘들다고 했다. 그런데 경주 최부잣집은 300년간 부를 유지해 왔다. 그 비밀을 알아보면 지속가능성에 대한 의미를 이해하는 데 도움이 될 것이다. 특히 청빈의 정신이 얼마나 중요한지 알 수 있다. 경주 최씨가의 장수비결 핵심 6가지 중에서 '재산을 1만석 이상 지니지 말라'와 '며느리들은 시집온 후 3년 동안은 무명옷을 입어라'라는 가훈이 있다. 이는 자손들이 청빈하게 살아가라는 메시지를 담고 있다.

네이버 지식백과(두산백과)는 청빈을 청렴하면서 가난함이라 정의하고 있다. 단순히 게으르거나 무능해서 가난하게 된 것과는 달리 청렴이 가난의 원인이 될 때만 그 가난을 청빈이라

한다는 것이다. 물론 일반 서민들도 정직하고 의롭게 살아 가 난해질 수 있으나 청빈한 삶이 요구되는 것은 불의와 타협할 유혹을 가장 많이 받는 지도자들에게 해당된다. 사업 성공으로 큰 부를 얻거나 덕과 능력이 있어 큰 권력을 행사할 수 있는 데도 그 자리에 앉는 것 자체가 옳지 못하다고 생각하여 이를 사양하거나 그런 지위에 있는 지도자가 불의와 타협하면 큰 이익을 볼 수 있는데도 도덕적인 이유에서 타협을 거부함으로 겸손하게 사는 삶을 청빈이라 한다.

신앙적으로는 청빈이란 스스로 선택한 단순 소박한 삶을 뜻한다. 자발적 가난은 물질적 결핍이 아니라 물질적 소유욕에서 해방된 자유를 뜻한다. 사회적 공헌과 연대를 추구하는 기업 구성원 입장에서 청빈이란 자신에게는 엄격하게 최소한의 물질적 재산을 사용하면서 이웃에 대한 배려하는 삶을 의미하는 것으로 정의하면 좋다. 이같이 정의하는 것은 지도자가 아니더라도 누구나 근검절약하면서 어려운 이웃을 배려하며 살아가자는 뜻에서다. 이렇게 하다 보면 소식(小食)을 통해 건강을 유지하고 나아가 공동체의 나눔과 연대를 강화하고 자원의 낭비를 막음으로써 환경보호에도 기여하게 된다. 즉 지속가능한 삶을 살 수 있게 한다. 이렇게 청빈을 정의하다 보면 누구나 지속가능한 삶을 살 수 있다는 생각에 이르게 되고 지속가능한 삶을 쉽게 접근할 수 있을 것이다.

경주 최씨 부잣집에서 배우는 지속가능성

'경주 최부자'는 10대 300년간(1650~1950) 만석꾼의 부를 이어온 우리나라의 대표적인 존경받는 부자 가문의 사례라 할 수 있다.

이 가문에서는 다른 가문에서 보기 힘든 독특한 6가지의 '가훈'이 있다. 이 가훈을 후손들이 잘 지켰기 때문에 부를 300년간 지킬 수 있었다. 구체적인 키워드를 보면 다음과 같다.

(1) 과거를 보되, 진사 이상 하지 말라

　　(오늘날의 의미로 정치적 중립을 유지하라는 것이다)

(2) 재산은 만석 이상 지니지 말라

　　(적정 이윤을 추구하라는 것이다)

(3) 과객을 후하게 대접하라

　　(정보를 활용하고 PR을 하라는 것이다)

(4) 흉년에 땅을 사지 말라

　　(재산 축적의 정당성을 확보하라는 뜻이다)

(5) 며느리들은 시집온 후 3년 동안은 무명옷을 입어라

　　(근검절약을 생활화하라는 뜻이다)

(6) 사방 백리에 굶어죽는 사람이 없게 하라

　　(노블레스 오블리주 정신의 실천)

이런 가훈을 실천하여 지역민들로부터 존경을 받으며 부를 오래 유지하였다. 그리고 일제 강점기를 거치면서 우리나라가 식민지로 전락한 데는 교육의 부족도 문제가 되었음을 알고, 해방 직후 사립대학교 설립을 계획하여 영남대학교의 전신 대구대학과 영남이공대학의 전신인 계림대학을 설립하는 데 전 재산을 희사하고 300년의 부를 마감하며 사회적 책임을 다하였다.

출처: 전진문, 『경주 최부잣집 300년 부의 비밀』(황금가지, 2007) 중에서

전 대우그룹 김우중 회장은 과학기술의 중요성을 인식하고, 1992년 아주대와 대우자동차·대우조선·대우중공업 등 대우그룹 12개 사가 산업기술조합 형태의 비영리 사단법인을 만들어 고등기술연구원(IAE)[21]을 설립하게 했다. 그런데 김 회장은 고등기술연구원(초대원장 정근모) 이름에 '대우'를 넣지 말자고 했다. 그 이유는 "고등기술원은 대우그룹뿐 아니라 대한민국의 모든 산업계가 활용해야 한다"는 것이다. 외환위기 때 대우그룹이 무너졌지만, 아주대·대우재단·고등기술연구원은 여전히 건재하다. 그 원동력은 김우중 회장의 사회적 책임의식 덕택이다. 한때 유명했던 인사들이 자신의 이름을 담은 회사나 단체를 설립하는 경우가 많은데 이러한 이름을 붙인 조직들은 오랫동안 지속가능한 성장을 한 사례가 많지 않다. 조직의 네이밍을 함에 있어서도 이해관계자나 대중적 시각에서 생각하여 단순하고 겸손한 자세를 보여 주는 것이 중요하다.

기업인들은 정치권이 자신들의 이해에 따라 기업의 지속가능발전과 시장경제 체제를 함부로 흔들지 않도록 미국식 싱크탱크를 육성하는 데도 관심을 가져야 한다. 한샘의 오너가 투자한 싱크탱크 여시재(與時齋)는 정치적으로 중립성을 유지하기 힘들어 오너의 좋은 설립 의도에도 불구하고 시장경제 창달에 별 도움이 되질 않는다. 기업인은 사회적 약자를 위한 투자와 함께 장기적 관점에서 기업의 지속가능발전과 건전한 시장경제 체제를 공고히 하는데도 투자해야 한다.

---

21) 산학연 협력을 활발하게 하고 있는 고등기술연구원은 경기도 용인 백암마을의 대우연수원 인근 부지 924만㎡(당시 도량형으론 280만 평)를 제공하고 지상 10층의 건물을 세워 출범했다.

8 유연성을 높이는 수단의 활용

(매몰비용 개념의 체화, 집단지성 활용, 인재 관련 정보 비대칭성
문제 해결 등)

급변하는 대내외 환경 속에서 지속가능한 성장을 위해서는
조직의 유연성을 높여야 한다. 포기도 때로는 좋은 의사결정
이다. 매몰비용의 개념을 활용하면 유연성이 높아진다.

우리 속담에 '칼을 뽑았으면 무라도 썰어야 한다.'라는 말이
있다. 일단 무엇을 한다고 결정했으면 반드시 이행하라는 뜻을
담고 있는 말이다. 하지만 이러한 속담은 변화하는 시대에 경
제 주체들이 유연하게 올바른 의사결정을 하는 데는 별 도움이
안 될 수 있다. 오히려 사람들로 하여금 경직적이고 환경 변화
와 동떨어진 의사결정을 하게 만들 소지가 많은 말이다.

우리는 매 순간 의사결정을 한다. 의사결정 시 우리의 관심
사는 과거가 아닌 현재와 미래에 있다. 과거에 얼마를 투자했
는지가 중요한 것이 아니라 현재 이 시점에서 가장 적게 투자
하여 미래에 가장 많은 성과를 거두는 방법이나 투자 대상이
무엇인지를 고민해야 하는 것이다. 따라서 이미 이루어진 투
자나 노력에 대해서 집착하면 낭패 보기 십상이다. 이러한 과
거의 투자비용을 경제학적으로 매몰비용sunk cost이라 부르며
미래 의사결정에 영향을 주지 않는 비용이란 뜻이다. 이러한
매몰비용을 잘 이해하면 어떠한 조직에서든 유연한 의사결정
을 하는 데 큰 도움이 될 것이다.

매몰비용은 한마디로 의사결정에 도움이 안 된다는 의미를 내포하고 있다. 의사결정을 할 때 투자자는 미래의 현금 흐름을 중시하기 때문에 과거에 이미 지급된 비용은 현재 투자 여부에 상관없이 회수할 수 없는 비용(매몰비용)이다. 그래서 투자의사결정에 영향을 주지 못한다. 예컨대 투자 안의 타당성 여부를 파악하기 위해 과거에 이미 지출한 시장조사비 등은 투자비의 일부로 간주하지 않는다. 기업인들은 자신들이 사업을 하면서 투자했던 모든 비용에 대해 가격을 매겨 투자자들에게 팔고 싶어 한다. 그러나 투자자 입장에서는 미래의 현금 흐름에 기여할 수 있는 투자 가치만큼의 투자비만을 보상해 주려고 한다. 이러한 현상 때문에 회사를 파는 사람과 사는 사람 간에는 현저한 협상가격차가 있다. IMF 금융 외환위기 때 국내기업들은 자신들이 투자한 돈의 5분의 1도 안 되는 가격으로 외국회사들이 회사를 빼앗아가려 한다며 그들을 날강도라고 맹비난하곤 했다. IMF 금융외환 위기를 극복하는 과정에서 가장 힘들었던 것은, 기업을 팔려고 내놓은 기업들과 이를 인수하려고 하는 투자자 사이에 협상 가격의 현저한 차이로 인한 협상 결렬이었다. 반도체 빅딜과 관련하여 사업체를 파는 입장에 있던 LG전자와 사는 입장에 있던 현대전자 측의 반도체 사업장 인수 가격 차이가 무려 2배 이상이었던 것도 이러한 매몰비용에 대한 이해 차이도 한몫하고 있었던 것이다.

매몰비용은 일종의 콜 옵션과 같은 것이다. 콜 옵션Call option은 살 수 있는 권리에 불과하다. 행사 가격이 맞지 않아 옵션을 행사하지 않으면 옵션을 사기 위해 지급한 비용은 회수할 수 없는 매몰비용이기 때문이다.

정책 의사결정에 있어서도 매몰비용에 대한 이해만 제대로 되어 있다면 합리적이고 효율적인 의사결정이 한결 용이해진다. 우리는 미래 사업 타당성이 없는 사업인 줄 뻔히 알면서도 이미 투자한 비용이 아까워서 투자를 끝까지 해야 한다고 주장하는 지도층 인사나 언론 보도를 접하는 경우가 많다. 만일 이러한 생각을 가진 이들이 '매몰비용은 미래 의사결정을 하는 데 전혀 도움이 되지 않는다'는 사실을 이해한다면 이와 같은 어리석은 의사결정을 하지는 않을 것이다. 이미 투자한 비용을 희생하더라도 미래의 더 많은 비용 낭비를 막을 수 있다면 그에 따라야 하는 것이 합당한 이치이다.

영국과 프랑스가 자존심을 걸고 개발했지만 결국 2003년 운항을 중단한 콩코드 여객기와 로밍 서비스의 대중화로 인기를 잃은 위성 휴대폰에 투자를 지속한 모토로라. 이 두 회사의 공통점은 매몰비용의 덫에 빠졌다는 점이다. 미래에 손해 볼 것이 예상되는데도 그동안 공들인 노력이나 시간, 투자비 때문에 포기하지 못하고 사업이나 투자를 계속 이어가는 현상이 여기에 해당한다.

미국 뉴욕대학교의 커즈너 교수가 강의에서 즐겨 사용했다는 표현인 '이미 가버린 것은 가버린 것Bygones are bygones 또는 What is gone is gone'은 매몰비용의 적확한 표현이라 생각한다.

아무리 똑똑한 개인도 집단보다는 똑똑하지 않다는 것이 집단지성이다. 기업이 외부의 집단지성의 힘을 활용하면 더 유연하고 지혜로운 의사결정을 할 수 있다. 한 기업의 내부 인력의 지성보다는 기업 밖의 집단지성의 힘을 활용하면 많은 성장 기회를 얻을 수 있다. 집단지성의 힘은 인터넷 시대를 맞아 더욱 커지고 있다. 한 예로 캐나다의 금광회사 골드코프의 경우 새로운 금맥을 찾지 못해 회사 문을 닫을 지경이었을 때 집단지성의 힘으로 세계 2대 금광회사로 재도약했다. 2000년 톰 매큐언 사장은 리눅스(소스공개운영체제)에 대한 강의를 듣고 아이디어를 냈다. 회사 소유의 온타리오주 레드 레이크 광산의 극비 지질 정보를 인터넷에 모두 공개하면서 금맥 찾기 공모전을 열었다. 상금 57만달러를 내걸었는데 전 세계 지질 전문가, 대학원생, 수학자 등이 몰려들어 수학, 물리학, 인공지능, 컴퓨터그래픽 등 온갖 방법을 동원하여 110여 곳의 금맥 후보지를 찾아냈다. 이곳 후보지에서 220톤의 금을 찾아내 골드코프는 세계 2위의 금광회사로 발돋움하였다.

21세기 격변 시대에 문제해결 능력보다 더 중요시해야 할 인재의 역량은 변화주도형 리더가 되도록 하는 것이다. 피터 드러커의 지적처럼. 기업이 변화 주도자가 되기 위해서는 기회에 초점을 두어야 한다. 문제해결보다는 기회를 살리는 일에 역량을 집중해야 한다.

일반적으로 조직에서는 기회보다 문제 해결에 관심을 집중하고 중요 자원을 투자해서 관리하는 경향이 있다. 기업 조직에서 변화 주도자가 기회에 관심을 더 두는 방법 중 하나는 각종 보고서에 비전과 목표와 관련되는 성과 지표와 실적들을 앞에 두게 하고 문제들은 별도로 정리하여 뒷부분에서 보고하게 만드는 것이다. 또한 인력을 배치함에 있어서도 기회를 살리는 일에 우수 인재와 자원을 우선적으로 배려하여 전 사적으로 기회를 살리는 데 집중함으로써 변화 관리를 잘할 수 있게 되는 것이다.

조직의 유연성을 높이려면 대내외적으로 소통을 잘 해야한다. 우선 소통을 잘해야 하는 이유 중 하나는 정보의 비대칭성 해소를 통해 우수 인재를 식별하고 자원과 시간의 낭비를 최소화하고자 하는 데 있다. 정보의 비대칭성은 어디나 존재하기 마련이다. 정보의 비대칭성이 존재하는 한 소위 레몬효과가 존재하여 시장 참가자들은 올바른 의사결정을 하지 못하게 된다. 특히 일자리 문제와 관련하여 고용주와 피고용자 간의 정보의 비대칭성으로 인한 문제는 기업의 인재 채용을 어렵게 하고 대학의 제대로 된 인재 양성을 가로막는 요인이 된다.

우선 자가평가제도Self Check List를 도입하고 활용도를 높일 필요가 있다. 인사 검증이 어려우므로 정보의 비대칭성 문제 해결 차원에서 본인이 거의 모든 정보를 기재하고 평가하도록 하되, 사실과 다를 경우에는 임명을 취소하고 법적인 책임을 지게 하는 것이다. 그런 다음 체크리스트에 기록된 내용들은 참고인 조사 등을 통해 지속적으로 검증하는 프로세스를 가동시켜야 검증된 인재를 활용할 수 있다. 자기평가리스트에는 본인의 역량과 실적 그리고 이를 증명할 근거자료 등을 포함해야 한다. 또한 평가 지표는 상시적으로 보완하고 개선해야 한다. 처음부터 완벽한 제도나 평가 지표는 없다. 그래서 계속 보완할 수 있는 열려 있는 시스템이 현실적으로는 더 좋은 제도라 할 수 있다.

조직 내에서는 평가자와 피평가자 간에 지속적으로 의사소통을 할 수 있도록 만들어야 한다. 그러려면 평가 지표는 가급적 핵심 지표 중심으로 단순화하는 것이 좋다. 평가도 가급적 시장의 원리에 맡겨서 할 수 있으면 좋다. 조직 내 구성원들은 형평성을 이유로 많은 구성원들의 의견을 반영하여 평가 지표를 복잡하고 많은 항목을 반영하여 만드는 경향이 있다. 특히 공조직일수록 평가 항목이 많고 복잡하다. 하지만 주인이 있는 사조직은 평가 지표가 단순하고 시장에서 객관적으로 평가가 가능한 경우가 많다. 비교적 목표가 단순하고 시장에서 승부를 거는 경우가 많지만 공조직은 이해관계가 복잡하고 지향하는 목표가 다원적이기 때문에 평가가 상대적으로 더 어려울 수 있다. 그렇다 하더라도 평가 지표는 가급적 핵심 지표 중심으로 단순화시키는 노력이 필요하다. 그래야 평가자와 피평가 간 소통도 원활히 할 수 있고 제대로 된 평가를 하는 데 도움이 되기 때문이다.

평가자의 오류를 줄이려는 노력도 중요하다. 평가자는 인간인 이상 완벽할 수 없고 어느 정도 편견을 갖고 함께 일하는 사람들을 부정적으로 평가할 수 있다. 이러한 평가상 오류를 줄이기 위한 과학적인 기법이나 노하우를 많이 개발하여 사용하고 있지만 이 가운데 상사평가제도도 그 부작용에도 불구하고 선용할 필요가 있다. 특히 우리나라처럼 권위주의의 뿌리가 깊은 사회에서는 상하 간에 견제와 균형을 유지하는 장치가 있어야 그나마 객관적인 구성원 평가를 하는 데 도움이 될 수 있기 때문이다.

또한 기업에 대한 증시 분석가나 투자자들의 기업 평가 여하에 따라 기업의 운명이 달라지는 경우도 있다. 2000년대 초 미국의 엔론 사태는 대표적인 사례다. 당시 증시 분석가들은 엔론사를 메이저 석유회사와 같은 안전한 석유화학업체로 알았었다. 그러다가 한 증권분석가에 의해 파생상품을 취급하는 위험성이 높은 업체라고 평가하면서 기업의 운명이 바뀌었다. 기업 가치가 과대평가되어 있다고 계속 지적한 후 앤론의 주가는 폭락하고 종국에는 회계부정 문제까지 겹쳐 파산하고 말았다. 이 여파로 엔론사의 투자를 받았던 국내 대기업도 어려움에 직면했던 경험이 있다.

9 총체적 변화Systemic change의 시도

부분적, 개별 주체별 성장이 전체의 성장에 플러스가 되는 것만은 아니다. 즉 부분의 합이 전체보다 훨씬 밑돌 수 있음을 깨달아야 한다. 우리 사회처럼 집단이기주의가 심하여 변화와 혁신이 이루어지지 못하고 환경파괴나 양극화가 심화되고 있는 사회, 공유가치보다는 개인 소유만을 선호하는 사회, 국가 전체 이익보다는 진영의 논리나 파이만을 더 중시하는 사회에서는 더욱 그렇다.

과거 4대강 사업, 신재생에너지 사업 등이 그러한 예이다. 경제 활성화 정책, 환경정책과 수자원확보 등의 필요성에 대한 종합적인 검토 후에 사업을 추진했더라면 사업 규모나 추진방식 등이 크게 달라지고 자원의 낭비도 막을 수 있었을 것이다. 신재생에너지 정책도 마찬가지이다. 2017년도 국정감사 결과에 따르면, 지난 10년간 태양광 발전 등 신재생에너지 목적으로 훼손된 산지 면적이 2,817만㎡(852만평)으로 여의도 면적의 9.7배에 달하는 것으로 드러났다. 특히 연도별로는 2007년 17건, 23만㎡에 불과하던 것이 2015년 1099건, 571만㎡, 2016년 923건, 588만㎡으로 급증하였다. 이 가운데 태양광 발전이 전체 건수의 98.6%, 전체 면적의 93.4%인 2633만㎡(796만평)이며 풍력 발전은 55건, 185만㎡(56만평)에 이른다. 신재생에너지는 기존 석탄 및 LNG 발전과 달리 미세먼지와 온실가스 배출량이 아예 없어 친환경 에너지원으로 최근 신 고리 5, 6호기 중단 논란 등에서도 원자력 발전의 대안으로 제시됐다.

하지만 이 신재생에너지가 오히려 우리나라의 산지를 무분별하게 훼손하는 것이다. 전국 산지 곳곳에 태양광 발전소가 들어서면서 산림 훼손, 경계 침범, 시설물 설치 등으로 산림을 훼손해 적발된 건수도 1년에 1~4건이었던 것이 2017년도에 9건으로 늘어나고 있다. 더 큰 문제는 산림의 탄소 흡수율이 세계 최고 수준인 우리나라의 산지에 신재생에너지의 명목으로 나무가 베이면서 태양광 발전의 장점인 탄소배출 감소 효과가 대부분 상쇄된다는 것이다. 정부가 강조해 온 환경영향평가는 시설용량이 100㎿ 이상이거나 20만㎡이어야 받게 된다. 국내 최대 규모가 40㎿급으로 대부분 해당 사항이 아니며, 대개 소규모 환경영향평가를 거치기 때문에 주민 의견수렴 절차가 없어 설치가 쉬운 상황이다. 태양광 발전이라는 부분 최적이 전체의 최적이 아닌 사례이다. 태양광 발전의 비싼 단가(kwh당 170~180원)와 태양광 설비의 유해물질 검출과 수질오염 등까지 고려하면 보다 신중한 접근이 이루어져야 한다.

더구나 단기 이익이나 성과 지표에 집착하는 기업이나 사회에서는 장기 성장이나 지속가능한 발전이 이루어지기 쉽지 않다. 단기 업적주의 시정도 총체적인 변화 없이 달성하기 힘든 과제이다. 1997년 말 금융 외환위기 이후 IMF 구제금융을 받게 되면서 국내 기업들의 단기 업적주의는 더욱 심화되었다. 주주의 이익은 물론 종업원, 협력업체, 정부당국은 물론 사회단체 등 모든 이해관계자들의 이익을 동시에 고려하던 종전의 가치관을 버리고 주주이익 중심의 주가와 배당 정책에 중점을 두다 보니 장기 투자나 협력업체와의 이익공유 등에 대해서는 관심을 둘 겨를이 없어졌다. 기업의 경영진은 분기별 업적 평가에 따라 성과급과 승진 문제가 결정되는 구조로 바뀌었다. 이로 인해 2년 이상 지나야 효과가 나는 투자나 협력업체 지원 등은 의사결정 과정에서 뒷전으로 밀려나게 되었다.

기업의 구성원들도 단기 업적주의가 문제가 있다는 것을 알고 정부로부터 많은 비판과 질책을 받으면서도 손을 놓고 있는 상태다.

따라서 기업과 사회가 더 지속가능한 발전을 이룩하기 위해서는 총체적 변화와 혁신에 눈을 떠야 하고 이를 토대로 각 조직의 목표나 성과 지표들도 보다 포괄적이고 장기적인 지표로 바꾸어 나가야 한다.

우선 국가와 정부 차원에서는 국민의 삶의 질, 잠재성장률을 높이고 합계출산율을 지속적으로 개선해 나가는데 합심해야 한다. 눈앞의 이익이나 단기 경제성장률을 올리는 데 일희일비할 것이 아니라 10년 20년 앞을 내다보고 지속가능한 환경을 조성하는 데도 힘써야 한다.

경제적인 측면에서는 잠재성장률을 높이는 데 힘써야 한다. 우리 경제의 실제 성장률은 2015년 이후 연평균 3.0% 미만에 불과하여 잠재성장률도 종전에 추정했던 3% 중후반 수준에 비해 크게 낮아져 2020년에는 2% 초반 수준으로 떨어졌다. 참고로 잠재성장률은 2000년대 초반 5% 내외였다. 잠재성장률이 중요한 이유는 GDP 1% 증가 시 5~7만 명 신규 일자리 창출(매년 취업자 수 증가 인원 15만 명 내외)할 수 있기 때문이다.

〈잠재성장률 요소별 기여도〉

(1) 총요소 생산성의 기여도

총요소 생산성: 전체 생산요소의 결합적 투입에 대한 전체 산출 규모의 비율로서, 기술 진보 외에 인적 자본(human capital)과 같은 노동의 질적 개념도 포함

(2) 자본 투입의 기여도

기업의 사내 유보는 증가하는 반면 설비투자 등은 지속적으로 감소 추세

(3) 노동 투입의 기여도

장년층의 경제활동참가율은 증가하고 있지만 30~40대의 일자리는 2018년 들어 오히려 감소하는 추세임. 생산가능인구 하락하는 2017년 이후부터 노동의 기여도도 하락.

잠재성장률을 높이기 위해서는 우선 경기 대응 정책과 더불어 경제 체질을 강화하고 경제 각 부문의 효율성과 생산성을 제고하기 위한 사회·경제적 구조 개선 노력이 시급하다. 또한 김영란법 토대 위에 비정상의 정상화를 통한 신뢰 사회 구축에 힘써야 한다. 네거티브 시스템제 전환 등 구제혁신과 함께 노동시장의 유연안전성(해고 자유와 사회안전망 확충) 제고 등 시장친화적 환경 조성 및 기업가 정신 고양에도 진력해야 한다. 물론 기업 차원에서는 기업 및 산업구조조정의 상시적 추진과 4차 산업혁명을 위한 투자 확대 노력이 시급하다.

크리스틴 라가르드 국제통화기금(IMF) 총재가 전 세계 꼴찌 수준인 한국의 출산율에 대해 '집단 자살'이라는 표현을 썼다고 한다. 공동체가 무너지고 있다는 경고다. 교육·고용·주거에 대한 불안이 '불임 사회'를 만든다는 것은 이제 이 나라에서 상식에 속한다. 근로 의욕을 가지고 성실하고 착하게 살아도, 딱히 잘못한 것 없어도 구원의 손길조차 없는 나락으로 추락할 수 있다는 불안이 각자도생을 부추긴다. 기업도 국가 정책에 부응하는 방향으로 사업을 전개해야 한다. 소비자가 모인 시장의 성장 없이는 기업의 성장도 실현할 수 없다. 물론 기업의 성장 없이 시장의 성장도 기대할 수 없기는 마찬가지이다. 총체적 변화의 시각에서 기업과 공동체가 공생하는 방안을 모색해 나가야 한다.

⑩ 기업 내 자정 능력의 제고

기업은 물론이고 어느 조직이나 세월이 감에 따라 과거의 성공에 취해 안주하거나 자만에 빠져 유연성이 떨어지고 변화하는 환경에 적응하지 못하고 위험에 빠지기 쉽다. 특히 조직 내에 만연한 도덕적 해이나 갈등을 자체적으로 정화하는 능력이 사라지는 경우에는 자원의 낭비가 심해지고 생산성이 떨어져 결국 도태되고 마는 것이다.

조직의 자정 능력을 키우기 위해서는 인센티브 제도의 개선과 함께 악마의 변호사 제도 등을 활용한 의사결정 과정에서의 시행착오를 줄여야 하며, 내부고발자 제도 등을 활용하여 조직 내 부정부패 등의 발생 소지를 최소화해야 한다.

사내 감사와 외부 감사 제도가 제대로 작동될 수 있도록 철저히 모니터링하고 조직의 모든 구성원이 기본과 원칙을 충실히 지키도록 오너와 최고경영진이 솔선수범해야 한다.

정보의 비대칭성 등으로 조직에서 벌어질 수 있는 도덕적 해이나 대리인 문제를 해결하기 위해 지배구조의 선진화 노력과 함께 유인제도의 상시적 보완대책이 필요하다. 기업경영 환경 변화와 함께 기업 구성원들의 기업에 대한 기대나 충성도도 달라질 수 있기 때문이다.

요즘처럼 경쟁이 치열한 시대에는 경쟁사들의 인재 빼내가기나 기술 탈취 시도 등이 다양한 방법으로 이루어지고 있다. 중국의 반도체 기업들은 한국의 삼성전자나 SK하이닉스 기술 인력을 기존 연봉의 수배씩을 지급해서라도 빼내 가려고 한다. 이러한 경쟁기업들로부터 인재와 기술을 지키기 위해서는 인재에 대한 유인체계를 미리미리 정비해 두어야 한다.

또한 도덕적 해이를 해결하기 위한 방안으로 유인설계(誘因設計 incentive design)를 적극 활용할 필요가 있다. 즉, 계약을 체결할 때 대리인(근로자)의 이익이 주인인 기업과 동일시 되도록 보상 또는 가격 정책 등의 유인을 설정함으로써 대리인의 노력과 충성심을 자극하는 것이다. 성과급제, 종업원지주제, 스톡옵션, 장기 임대주택 제공, 발명보상제, 사내벤처제도 등이 그 예이다.

유인제도 개선의 전제가 되는 객관적이고 합목적적인 성과지표의 개발이 현실적으로 쉽지 않다는 점에서 '숨겨진 행위'로 인한 도덕적 해이를 단순히 유인제도로 해결하려는 것은 오히려 역효과를 불러올 수 있음에 유의해야 한다.

The Survivor

1 본성을 거스르는 정책의 최소화

2 합계출산율 제고 등 인구정책과 주택정책 등의
  총체적 변화Systemic change 추진

3 상속 및 증여세제에 대한 인식의 전환

기업의 지속가능발전과
정부의 역할

기업의 지속가능발전은 기업인과 임직원만의 노력으로 실현될 수 있는 것은 아니다. 시장 환경은 물론 정치권과 정부 그리고 국민의 역할도 중요하다. 기업을 정쟁의 도구로 삼아서는 안 된다. 특히 정치나 정책의 실패 책임을 기업의 탓으로 돌리는 과거의 행태는 사라져야 한다. 기업이 국제경쟁력을 확보하고 유지할 수 있도록 시장 환경 개선, 기업의 원천기술 연구와 응용기술 확보를 뒷받침하고 출산율 제고 정책과 함께 우수 인재가 양성될 수 있는 환경을 만들어 주어야 한다.

▌1▐ 본성을 거스르는 정책의 최소화

제품의 종류에 따라서는 시장에서 첫 사업자first runner가 성공하는 사례가 많지 않고 두 번째 또는 세 번째 진입자가 성공하는 사례가 더 많다. 왜 이런 현상이 나타날까? 대체적으로 소비자의 습관을 바꿔야 제품 사용이 가능한 경우나 제품 사용 방법이 복잡해 작동 방법에 대한 사전 학습이 필요한 제품일수록 첫 사업자가 제품 판매로 돈을 벌 가능성은 매우 낮다. 이는 소비자에게 제품을 이해시키는 데 많은 시간과 비용이 소요되는 것은 물론 소비자들이 자신들의 습관을 바꾸려 하지 않기 때문이다. 본성이나 사람들의 습관을 바꾸려 하는 시도는 어느 경우든 성공하기 쉽지 않기 때문이다.

규제나 정책도 마찬가지다. 기업가의 본성을 거스르는 정책은 성공을 거두기 어렵고, 부작용만 키울 수 있다.

공정경제 3법이 그 대표적인 사례이다. 2020년 정기국회에서 입법처리된 '공정경제 3법'(상법·공정거래법·금융그룹감독법)에 대해 기업들이 크게 우려하고 있다. 박용만 대한상의 회장은 "병든 닭 몇 마리를 몰아내기 위해 투망을 던지면 그 안에 모든 닭이 어려워지지 않겠느냐"며 법 개정의 필요성에 의문을 제기했다. 경제계는 1주 1표라는 주식회사의 기본 원리를 훼손한다는 이유에서 공정경제 3법의 부작용을 우려하고 있다. 특히 감사위원 분리선임 시 최대 주주 및 특수 관계인의 합산 의결권을 3%로 제한한 이른바 '3%룰'(상법개정안)이 경영권은 물론 기업의 기술 보안까지 위협할 수 있다고 우려한다. 경제계는 최대 주주의 합산 의결권이 10% 수준은 돼야 우리 기업들을 지킬 수 있다고 반박한다. 이에 대해 정부여당은 3%룰에 대한 우려는 막연한 공포감이라는 입장이다.

2020년도 정부의 상법 개정은 대주주의 전횡을 방지하고 소수주주의 권익을 보호하자는 취지이며, 기업 의사결정 구조 개선에 그 목적이 있다. 즉, 감사제도의 개편(감사위원 분리선임) 및 이사회에 대한 견제 가능성 제고(소수주주권 행사요건 완화, 다중대표 소송제도 도입 등)가 그 골자이다.

하지만 좋은 입법 취지에도 불구하고 기업계의 의견을 충분히 수렴하지 않아 많은 부작용을 낳을 소지가 있다. 또한 기업인들에게 순응할 시간적 여유를 주지 않아 기업 지배구조의 안정성이 크게 떨어질 가능성이 있으며, 투기자본 등에 의한 주주권의 남용 가능성이 있어 경영 안정성 및 지속가능성이 우려된다.

특히 최대주주 등에 대한 역차별로 경영권 방어가 어려워질 것으로 예상된다. 현행 상법상 '최대주주와 그의 특수관계인의 의결권을 합산'하여 제한(이른바 '합산 3%룰')함으로써 개인별 3% 초과 지분의 의결권을 제한(이른바 '개별 3%룰')하고 있다. 다른 주주에 비해 이미 '최대주주 등'의 재산권 행사를 제한하고 있는 상황이다. 여기에 더해 감사 및 감사위원 선임 절차에서도 역차별을 받게 되었다.

최근 '한진 KAL' 경영권 분쟁 사례에서 보듯이 조원태 회장에게는 '3%룰'을 적용한 반면, 3자연합(조현아 前 대한항공 부사장, KCGI, 반도건설)은 3% 의결권 규제를 적용받지 않는다. 더구나 현행 상법상 혈연 및 가족 관계 간 경영권 분쟁 시 감사 및 사외이사가 아닌 감사위원의 선임 시 '합산 3%룰'의 적용방법도 불명확(상법 제542조의12 제4항)한 실정이다.

《2020년도 개정 상법의 기업 지배구조 및 지속가능성에 영향을 주는 사례》

구 분	주요 내용
감사(위원) 선임규제 개편	• 감사위원 분리선임 도입(감사위원회 위원 중 최소 1인에 대한 '분리선임' 의무 부과로 투기자본에 의한 경영 위협 및 악용 우려) • 3% 의결권 제한 규정 개편 • 감사 및 감사위원 선임 시 주주총회 결의 요건 완화 (전자투표제도 도입 조건부)
이사에 대한 책임 강화	• 다중대표소송제도 도입 : 모회사의 1% 주주가 자회사 이사의 책임 추궁 가능(상장사 0.01%)
소수주주권 행사요건 완화	• 상장회사 대상 소수주주권 행사 요건의 선택적 운용 명문화(상법 일반규정 또는 상장회사 특례규정)

다중대표소송제도 도입에 따른 소송 남발로 인한 기업 지배 구조 불안정도 우려되는 상황이다. 2020년 4월 현재 상법상 자회사가 있는 상장회사 1,114개 사의 자회사 수는 3,250개 사인데 상법상 다중대표소송제도가 도입될 경우 상장회사의 소송 리스크는 3.9배 상승할 것이라는 분석이 있다.

*1사당 평균 자회사수: 대기업 4.5개사, 중견기업 3.0개사, 중소기업 2.2개사, 금융회사 4.9개사

충격적인 사실은 135만 원으로 ㈜청호컴넷과 12개 자회사 등 13개사에 대한 소송 제기가 가능하며, 코스닥 기업인 ㈜코이즈와 2개 자회사는 138만 원으로 3개사에 대해 소송 제기가 가능하다는 분석이다. 이같이 적은 금액으로 상장회사 주식을 매집한 후 소속 자회사에 대한 빈번한 소송 제기와 소송 취하를 빌미로 부당한 요구를 회사에 하는 경우 기업의 경영 안정성이 크게 떨어질 수 있다는 점이다.

우리나라 경제의 중심축인 금융기관이나 대기업들조차도 잦은 소송 위험에 노출되기는 마찬가지이다. 신한금융지주회사의 경우 13.2억원으로 연결자산총액 552조원 에 달하는 ㈜신한금융지주 및 16개 자회사에 대한 소송제기가 가능하며, 사업지주회사인 롯데그룹의 경우도 2.5억원으로 연결자산총액 16조원에 달하는 ㈜롯데지주와 14개 자회사에 대한 소송 제기가 가능하다는 분석이다. 이같이 자회사 등 다수 계열사를 기반으로 연결자산총액의 규모가 큰 지주회사의 소송 리스크가 급증하여 한국 경제 전체의 기반을 약화시킬 소지마저 있는 것이다.

《다중대표소송 제소가능 최소금액 추산》

2020.4.1자 종가기준, 이하 동일

회사명	자회사	발행주식총수 (A)	제소가능주식 수 (A×0.01%)	주가(원) (보통주 종가)	제소가능 금액
청호컴넷	12	8,576,351	858	1,570	1,347천원
코이즈	2	15,411,517	1542	891	1,374천원

《지주회사의 자회사 대상 소송 제기 가능 금액 추산》

회사명	자회사	제소가능주식수 (0.01%지분)	제소가능금액	연결자산총액
신한금융 지주	16	49,169	13.2억원	551.4조원
롯데지주	14	10,590	2.5억원	15.6조원

자료: 대한상의 등 주요 경제단체

일본 등 선진국에서는 기업 경영에 중대한 영향을 미치는 기업 관련법의 제정이나 개정은 5년 이상의 준비기간을 갖고 관련 당사자의 의견을 충분히 수렴하고 경제에 미치는 파급영향을 검토한 후 신중히 입법을 추진한다. 그래야 기업들은 새로운 법제도 환경에 대비하고 대책을 강구할 수 있다.

정치권이 자신들의 명분과 외형적인 업적만을 중시하여 기업인의 본성을 거스르거나 경제 현실을 도외시한 입법이나 정책 추진을 강행하는 것은 기업의 경쟁력을 약화시키고 궁극적으로 한국 경제를 파멸로 몰아갈 수도 있다. 이같이 신중치 못한 정치적 행위로 투자자들의 해외 이탈은 물론 국내 대기업들의 해외 사업장 이전을 더욱 촉발할 수 있다.

기업은 외부환경 변화에 매우 민감하다. 한 오너 기업인은 기업을 연못 속 개구리에 비유한다. 잔잔한 연못에 무심코 던진 돌 하나가 물속 개구리의 생명을 위협하여 연못 밖으로 개구리가 뛰쳐나가게 하는 형국이라는 것이다.

정치적 안정과 정치인의 신중한 언행이 기업의 지속가능발전과 국가의 성장 발전에 중대한 영향을 준다는 점을 유념할 필요가 있다. 3류 정치가 2류 기업의 초일류 도약을 망친다고 호소하는 의미를 정치인들은 아직도 잘 모르고 있다는 생각이 들 때가 많다.

기업의 의사결정이 시장을 거스르면 성공할 수 없듯이 정치인과 정부의 정책 결정 또한 시장이나 기업의 본성을 거스르게 되면 정책의 성공도 기대하기 힘들다.

우리 한국 사회는 양극화가 심해지면서 대기업의 이익을 중소기업과 나누자는 소위 '이익 공유제' 정책 도입을 잊을 만하면 반복적으로 시도한다. 그러나 이익 공유제 정책 또한 사익을 추구하는 기업의 본성을 거스르는 정책으로 성공을 거두기 힘든 정책이다. 형평성 논리에도 맞지 않는다. 이익을 공유하려면 손실도 함께 분담해야 하는데 손실은 대기업이 모두 부담하라고 하는 것은 공유정신에 안 맞고 형평성에도 맞지 않는다. 대기업의 이익동기만을 훼손하기 때문에 정부정책에 협조하기보다는 부정적인 생각을 갖게 만든다.

현행 하도급법상 '손실 공유'는 원칙적으로 금지되고 있다. 그렇다면 이익공유를 강요하는 것은 쉽지 않다. 대기업과 중소기업 간 상생을 유도하려면 이익은 물론 손실도 함께 공유하는 문화를 정착시켜야 한배를 탄 동반자로서 서로 협력하게 되는 것이다. 그래야 어느 일방의 도덕적 해이를 방지할 수 있게 된다. 그렇지 않으면 대기업의 기업가 정신만 위축되어 사업장을 해외로 이전하거나 사업 자체를 포기하는 사태를 초래할 수 있다.

정치권에서 대기업과 중소기업 간의 양극화를 해소하려는 취지는 이해하지만 이익 공유제는 '돈을 더 벌려는 노력, 즉 기업가 정신을 훼손하는 것이며 국가 경제 전체 파이를 줄이는 결과를 초래한다.

성과급 제도도 마찬가지이다. 대다수 직장인들은 팀원 사이에서 성과를 나눌 때 '형평성'을 중시한다. 누가 얼마나 기여했는지 정확하게 측정하려고 노력하지만 이는 쉽지 않다. 더구나 개인 입장에서는 자신이 실제보다 더 많은 기여를 했다고 믿는 관대화 경향tendency to leniency, error of leniency이 있는 게 사실이다. 그런데 성과 배분이나 공유의 개념을 경제 전체로 확대해 그것을 법으로 강제한다면 심각한 갈등과 부작용을 낳을 것은 불을 보듯 뻔하다.

이 밖에 통신료의 강제 인하문제로 몸살을 앓는 통신사도 마찬가지이다. 통신료 인하는 수입의 감소를 초래하고 이는 통신망 등에 대한 미래투자를 할 수 없게 만들며 통신서비스의 질 개선도 더 이상 할 수 없게 만든다.

카드사의 경우도 지자체의 제로페이 사업 추진과 카드수수료 인하 추진 등으로 사업의 활력을 잃어 가고 있다. 수익 감소로 신규 투자가 어렵고 우수 인재가 조직을 떠나게 된다.

세계에서 유례를 찾아볼 수 없는 소득주도성장 정책 추진 또한 소규모 개방 경제국인 한국 사회에서는 성과를 기대하기 어려운 정책이었다. 오히려 최저임금의 급격한 인상 등 무리한 정책 추진과 노동시장의 경직성 등으로 자영업자와 영세 중소기업의 몰락만 가속화시키는 결과를 초래하였다.

② 합계출산율 제고 등 인구정책과 주택정책 등의 총체적 변화Systemic change 추진

출산율과 고령화 등 인구문제와 기후변화 및 환경파괴 문제의 해결 그리고 빈곤 퇴치 등과 같은 정책 현안들은 한두 개 정부 부처의 조치와 노력만으로 해결할 수 있는 사안이 아니다. 범정부 차원의 통합적 조치를 넘어 모든 경제주체가 유기적으로 협력하고 여러 정책이 조화롭게 추진되어야 해결의 실마리를 찾을 수 있다. 그런 의미에서 위에서 열거한 과제들은 총체적인 변화Systemic change가 요구되는 대표적인 정책 현안들이다.

우선 인구문제를 생각해 보자. 현재와 가까운 미래의 출산율 전망을 비교해 보면 우리나라의 장래가 얼마나 심각한지 가늠해 볼 수 있다. 2020년대 들어 우리나라에서 한 해에 태어나는 인구는 베비붐 시대의 100만 명에서 20만 명 대로 떨어졌다. 우리는 지금 초저출산 시대에 살고 있는 셈이다. 2002~2016년 기간 중 한 해에 태어난 인구는 40만 명대였다. 그러던 것이 2017년에는 35만 명으로 떨어졌고, 2018년에는 32만 명대로 추락하였다. 더욱 심각한 것은 2020년 들어 20만대로 낮아졌으며, 2020년대 중반부터는 10만 명대로 추락할 것으로 우려된다는 점이다.

2018년 기준으로 우리 경제에서 생산과 소비의 중심에 있는 40대의 경우 각 연령대별로 90~95만 명대에 달하고 있는데, 앞으로 30년 후에는 지금 태어나는 아이들이 자신들보다 2~3배 이상 많은 노인들을 부양해야 한다는 사실이다.

기술이 아무리 진보한다 하더라도 소수의 미래 세대가 몇 배 인구의 기성세대를 먹여 살려야 한다는 것은 생각만으로도 끔찍한 일이다. 기업 입장에서도 구인난으로 국내에서 사업하기가 그만큼 힘들어진다.

《연도별 출산인구 추이 및 전망》

	2002~2016년	2017년	2018년	2020~2022년	2020년대 후반
연간 출산인구	40만 명대	35만 명대	32만 명대	20만 명대	10만 명대

자료: 중앙일보, 조영래 교수(서울대) 등 기고문 등에서 인용

이 같은 출산율 하락을 부추기는 현상 중 하나는 서울이 전국의 20대 젊은이들이 몰려오는 블랙홀이 되고 있다는 점이다. 저출산과 서울의 20대 청년 블랙홀 그리고 서울의 높은 집값은 매우 밀접하게 연관되어 있으며 앞으로 이들의 연관성은 더 커져 우리의 미래를 위협할 것이다.

2021년부터는 코로나 감염병 사태가 아니더라도 대학들은 심각한 신입생 충원난을 겪게 될 것이다. 특히 지방대학의 충원난이 심각해지고 이로 인해 지역경제가 더욱 어려워지면 청년들의 서울 쏠림 현상은 더욱 심화될 것이다. 청년들이 서울로 몰리게 되면 지방 자본의 서울로의 이동은 더욱 심화되어 서울집값은 더 오르게 된다.

서울의 비싼 집값은 청년들의 결혼이나 자녀 출산에 대한 의지를 더욱 꺾어 버릴 것이다. 지방 청년 수는 크게 줄어드는데 서울의 청년 집중은 심화되고 있는 것이다. 이같이 물리

적이고 사회적인 밀도가 높아지면 재생산을 꺼리는 것이다. 이것이 서울대 조영래 교수가 보는 2020년대 중후반 10만명 대 출산을 전망하는 근거의 하나다. 이러다가 전국의 대다수 청년들이 서울에 모여 살 판이다.

이러한 저출산 문제는 정부의 힘과 노력만으로 해결할 수 없다. 모든 경제주체가 함께 위기의식을 갖고 저출산을 야기하는 모든 문제를 동시에 해결해 나가는 데 유기적으로 협력해야 한다.

출산율 문제 등 인구정책과 같은 이슈들은 총체적인 변화와 모든 주체의 유기적인 협력 없이는 해결하기 힘들다

국가의 지속가능발전과 서울과 지방의 격차 완화 등 양극화 완화를 위해서는 젊은이들의 쏠림 현상이 심각한 서울의 경우 주거 공간 확대 정책의 추진이 시급하다. 서울 지역에서의 주택은 쾌적한 임대주택과 수요자가 원하는 아파트 등의 공급을 지속적으로 확대하고, 외국인의 주택 소유를 억제하며 보유세는 지속적으로 강화하는 것이 바람직하다. 대신에 주택공급과 관련한 규제들은 과감하게 완화할 필요가 있다. 특히 기업의 임직원용 장기 임대주택의 공급, 공공용지 등을 활용한 중고급형 임대주택의 지속적인 확대 공급을 제약하는 규제 등은 과감히 풀어 줄 필요가 있다.

또한 지방대학을 배려하기 위해 지방대학에 불리한 대학평가시스템을 개선할 필요가 있으며, 미국처럼 대학도시의 육성, 국립대학의 통합과 혁신, 행정도시 내 국회 분원의 설치, 공기업의 지방 이전과 기업의 지방 이전을 유인하기 위한 인

프라 조성과 지방 규제 프리존 정책 추진 등도 적극 검토할 필요가 있다.

이러한 정책을 추진하기 위해서는 정치권, 정부 부처, 지자체, 기업, 지역주민과 환경단체나 노동계의 참여와 유기적인 협력이 필요하며, 정책 면에서는 금융, 세제, 부동산, 노동, 환경 등 거의 모든 분야를 망라한 검토가 필요하다. 지배구조 면에서는 별도의 전담 조직의 설치 운영이 필요하며, 차기 또는 차기 이후 미래 정부와의 지속적인 조율과 협조도 필요할 것이다. 예컨대 4대강 개발사업이나 창조경제 정책 등은 한 정부의 임기 내에 무리하게 마무리하지 않고 차기 정부에서도 계속 사업으로 마무리하였더라면 더 좋은 성과를 낼 수 있었을 것이다.

총체적 변화를 요구하는 정책들의 추진을 위해서는 핵심가치에 대한 국민적 공감대 형성과 관련법과 제도의 정비가 동시에 강구되어야 한다. 예컨대 덴마크의 사례를 주목할 필요가 있다. 행복지수 1위 국가 덴마크의 국민들은 오늘에 안주하지 않고 더 나은 내일을 향해 달려간다. 그들이 추구하는 혁신은 새로운 무엇이 아니다. 오랫동안 소중하게 생각한 가치를 다시 제대로 실천하는 것이다. 개인에게 선택의 자유를 주면서 주인의식과 자존감을 심어주는 것, 그리고 함께 소통하고 연대하는 데 역점을 둔다. 초등학생부터 어른에 이르기까지 선택의 자유가 있다. 이러한 핵심가치를 공유할 수 있을 때 어떠한 난관에 봉착하더라도 국민적 공감대 형성을 통해 총체적 변화를 단행할 수 있는 것이다.

❸ 상속, 증여 세제에 대한 인식의 전환

부의 상속이나 증여를 부정적으로 바라보는 국민들, 그리고 많은 재산을 후대에게 물려주는 것에 대해서 고액의 세금을 납부하게 하는 것이 형평성 논리에 맞고 국민의 정서에도 부합한다고 믿는 국민들이 많을 것이다.

하지만 기업인이 상속하거나 증여하는 주식에 대해 우리나라처럼 최고 60%(50% + 상속세율의 20% 대주주 할증)의 세금을 부과하는 것은 이솝 우화에 나오는 「황금알을 낳는 거위」에서 욕심쟁이 농부가 거위를 잡아 한꺼번에 많은 알을 꺼내 부자가 되고 싶어 거위의 배를 가르는 행위와 같다는 시각도 있다.

한 번에 상속세를 많이 거둘 수는 있어도 상속·증여세를 많이 내야 하는 기업의 상속인은 경영권을 유지할 수 없어 사업을 포기하거나 다른 투자가에게 기업을 매각할 수밖에 없는 처지로 내몰리게 된다. 아래 표의 5개 업체의 경우 상속세 부담 때문에 오너 일가가 경영권 승계를 포기하고 다른 기업이나 사모펀드에 매각한 사례들이다. 이로 인해 이 기업들은 경쟁력이 떨어지고 사세가 약화되어 간다.

2008년 창업주 별세 뒤 유가족들이 상속세 부담 때문에 경영권을 다른 회사에 넘긴 손톱깎이 회사 쓰리세븐은 매각 이후 사세가 기울어진 대표적 사례다. 2003년 300억 원대였던 쓰리세븐의 매출은 2019년 170억 원으로 줄었다.

《상속세 부담에 따른 경영권 매각 사례》

회사명	업종	매각연도	비고
까사미아	가구	2018	
유니더스	고무의류	2017	
락앤락	밀폐 용기	2017	
농우바이오	종자	2013	
쓰리세븐	손톱깎기	2008	

자료: 한국경영자총협회, 중앙일보(2020년 11월 12일)

우리나라도 캐나다의 경우처럼 기업 주식을 상속하거나 증여하는 경우 세금을 부과하지 않고 사업을 계속해서 법인세를 많이 낼 수 있도록 하면서 기업의 지속가능한 발전을 도와줄 필요가 있다.

낮은 상속세 부과나 비과세는 단기적으로 세금을 적게 거둘지 몰라도 장기적으로 더 많은 세금을 거둘 수 있기 때문에 국가의 재정 건전성 유지에도 도움이 되는 것은 물론 고용 증대에도 기여하게 되는 것이다.

또한 호주와 스웨덴의 경우처럼 상속받은 가업 자산을 추후 처분할 때 세금을 부과하는 방안도 검토할 필요가 있다. 중소기업의 경우는 상속 재산을 담보로 정부가 장기 저금리 안정자금을 지원하는 방안도 강구할 필요가 있다.

《주요국의 상속증여세율 국제비교(2020년)》

	OECD 평균	한국[22]	일본	미국	독일	캐나다
상속증여 세율	26.6%	50% (60%)	55%	40%	30%	0%
GDP 대비 상속증여세 비율	0.1%	0.4%	0.4%	-	-	0%

출처: 한국은행 외

상속·증여세 인하에 대한 부정적 생각을 버리고 장기적이고 동태적인 관점에서 기업의 지속가능성을 높여주는 방향으로 기업인의 보유 주식의 상속세나 증여세 부담을 줄여주는 세제 개편을 단행할 필요가 있다.

2020년 10월 25일 작고한 삼성그룹 이건희 회장의 상속 주식의 시가 총액 18조 원 가운데 11조 원을 세금으로 내야 하는 삼성전자 이재용 회장과 일가 입장에서 삼성전자 등의 경영권 유지를 위해서는 상속세 부담분만큼 추가로 자금을 마련해야 한다. 그러지 못할 경우 지분율 하락에 따른 소유권 리스크에 노출되는 것이다. 삼성그룹의 과도한 상속세 부담에 따른 경영권 보호 문제 야기를 계기로 우리나라 상속세와 증여세의 세율을 대폭 낮추는 문제가 심도 있게 논의되기를 희망한다.

---

22) 한국의 상속 및 증여세의 최고세율은 50%이나 최대주주인 경우는 20% 할증으로 60%의 세율이 적용된다.

정치의 선진화도 시급하다. 『오만과 편견』의 작가 제인 오스틴은 "편견은 남을 용납하지 못하게 하고, 오만은 남으로부터 우리를 차단한다"는 명언을 남겼다. 정치권의 막말이나 격한 행동은 강한 리더십을 만드는 것이 아니라 강한 거부감을 만들 뿐이다.

선진 산업사회를 만들려면 리더십의 변화가 중요하다. 지속가능한 사회를 만들기 위해서는 경솔한 막말 정치를 끝내고 품격과 신뢰, 소통과 섬김의 리더십을 발휘해야 한다. 자유민주주의 체제하에서 진정한 리더십은 솔선수범, 책임과 섬김의 도덕적 권위에서 나오고, 혁신의 동력은 신뢰와 자기 비움에서 나온다.

또한 올바른 소통은 경청과 상대 존중, 겸손과 포용의 자세에서 나온다. 정치 지도자들은 사심과 진영 논리를 버리고, 국민과 기업 현장의 목소리를 경청하고 이를 신속히 국정에 반영하며, 국민의 재산권 보호와 자유롭고 공정한 시장경제 질서 확립에 진력해야 한다. 또한 국가가 할 일과 민간이 할 일을 구분하고 국민의 세금을 '내 돈'처럼 아껴 쓰며 기초연구 개발, 교육과 사회안전망 구축 등에는 집중적으로 투자하여 산업 경쟁력을 높이고 미래세대에게 부담이 되지 않도록 국가 부채를 줄이는 지혜를 모아야 한다.

에른스트 비그포르스 전 스웨덴 재무부 장관은 1932년부터 17년 동안 장관직을 수행하였다. 유럽에 혁명적 사회주의와 파시즘이 물결을 이루던 시절이었다. 지금의 스웨덴은 최상위권 선진국이지만 한 세기 전만 해도 그저 그런 유럽국 중 하나였다. 그가 장관이 되었을 때 실업률이 20%를 넘었다. 그는 1932년 총선을 앞두고 「나라 살림의 계획」이라는 글을 통해 "꼭 필요한데도 민간이 나서지 않는 분야에 정부가 재정을 투입하고 사회보장을 확대하겠다."라는 선언을 하였다. 그는 자신의 정치적 기반인 좌파 정치인들의 요구와 달리 민간 기업에 칼을 들이대지 않았다. 자신이 소속한 사회민주당과 뿌리가 같은 노조와도 거리를 두었다. 출산수당 등의 제도로 출산율 추락을 막았다. 당시로선 획기적 해법이었다. 무려 80년 전의 일이다. 그는 자기에게 배신자라고 손가락질하는 이들에게 "생산성과 효율성을 높이지 않고서는 사회민주주의 경제의 이상을 달성할 수 없다."라고 외쳤다. 스웨덴은 성장과 복지, 두 바퀴로 달렸다.

지금 모든 조직에는 비그포르스처럼 창의적이고 용감한 지도자가 필요하다. 잔머리를 굴리거나 꼼수를 써서 임기응변식으로 문제를 해결하면 당장 눈앞의 일은 해결할 수도 있을 것이다. 때로는 이러한 일을 잘하는 사람들이 조직에서 승진도 잘하고 잘나가는 것처럼 보이기도 할 것이다. 그러나 길게 놓고 보면, 이러한 임기응변식 업무 처리나 사업 수행을 하는 사람들은 큰 낭패를 당하고 조직도 망치는 인사들이 태반이다. 지도자는 인사가 만사다. 국가와 기업의 지속가능한 발전을 이끌 인재들을 진영 논리를 넘어 활용해야 할 것이다.

맺음말

코로나19 감염병 사태와 미중 패권전쟁으로 우리는 초유의 장기 경제침체와 기업들의 무너지는 현실을 지켜보고 있다. 이러한 답답한 현실에서 기업과 사회적 약자들에게 보탬이 될 수 있는 일을 생각하다가 기업의 지속가능성을 화두로 글을 쓰게 되었다.

기업은 통상 창업하고 나서 5년을 살아남기가 쉽지 않다. 회사 설립후 50% 이상의 기업들은 1년 내지 5년 안에 사라진다. 미국의 『포춘』지에 따르면 세계적인 기업들의 평균수명은 1955년 45년이던 것이 오늘날에는 15년에 불과하다. 기업이 창업세대를 넘어 2세대나 3세대까지 이어지는 것은 매우 드문 일이다. 특히 오늘날과 같이 기업의 경영 환경이 급변하고 경쟁이 치열하며, 이해관계가 복잡한 시대에는 더욱더 생존하기 어렵다.

기업을 비롯한 모든 경제주체들의 큰 관심사 중 하나는 지속가능발전이다. 기업이 현 세대는 물론 미래 세대까지 이어져 지속적으로 성장 발전하고 국가 번영과 국민이 잘 살 수 있는 토대를 만들어 가는 것이 기업 지속가능성의 중요한 의의이다.

그런 의미에서 기업의 지속가능성을 생각해 보고 전략과 실현 방안을 강구하는 것은 매우 소중하고 의미 있는 일이다. 본서에서 기업의 지속가능성의 특성이나 실현 방안은 장수하는 기업은 물론 한때 잘 나가다가 실패한 기업들의 사례에서 찾으려 시도하였다.

오랜 기간 살아남는 기업들은 일반 기업과 달리 몇 가지 특징이 있었고 나름의 성공의 비결과 법칙이 있어 보였다. 반면에 단명하는 기업들도 나름의 특징이 있었다. 이들 기업들의 비교분석 등을 통해 필자 나름의 지속가능발전 실현 방안을 정리하였다.

기업의 지속가능성의 핵심요소는 경제성과 환경성과 사회성으로 나누어 일반적으로 분석하지만, 이것만으로는 부족하다고 생각하여 정치사회적 관점과 기업 지배구조 등의 관점에서도 기업의 리스크를 생각해 보았다. 이를 토대로 대내외 기업 환경과 지속가능발전을 저해하는 리스크도 함께 식별하고 관리하는 방법을 생각해 보았다.

지속가능한 발전을 하는 기업의 특징으로는 균형감각과 유연성(일관성과 유연성의 조화) 그리고 변화 관리 능력이 뛰어나다는 점이다. 대다수 기업이 장수하는 기업을 따라 지속가능한 발전을 시도하려 하지만 이들 기업을 따라 하기 힘들게 하는 제약 요인과 걸림돌이 도처에 산재해 있다.

예컨대 한국 사회의 단기 업적주의와 잦은 인사이동은 장기 투자를 어렵게 하며 잘 준비된 실패조차 용인하지 못하는 조직 문화는 장기 투자와 지속가능 발전의 걸림돌이다. 또한, 지배 구조가 불안정하고 대리인 문제Agency Problem 등에 대한 자정 능력 부족과 과거의 성공에 안주하는 폐쇄적이고 배타적인 조직 운영도 지속가능발전을 어렵게 하는 요인이다. 그리고 공동체 의식의 결여 및 핵심가치 공유의 부재, 갑질 문화와 인권의식의 부족, 조급하게 서두르는 조직문화, 연대와 협력을 저해하는 과도한 경쟁구조, 도덕적 해이의 만연 등도 지속가능발전의 큰 제약 요인이다. 이러한 제약 요인을 어떻게 해결할 것인지에 대한 방안을 강구하는 데 나름대로 역점을 두었다.

지속가능발전 전략을 수립함에 있어서는 현장 경험과 지속가능발전 운동을 전개하면서 체득한 암묵지와 기업들의 성공과 실패 사례 분석을 토대로 실행 전략을 제시하였다. 경영층에서 이러한 실행 전략의 목차만이라도 자주 되뇌이며 사색한다면 기업의 지속가능한 발전을 추진하는 데 도움이 될 것이다.

첫째, 매사를 지속가능발전 차원에서 생각하고 식별하여 의사결정하며,

둘째, 기업 맞춤형 지속가능성 체트리스트를 작성하고 이를 토대로 기업의 리스크를 점검한다.

셋째, 기업 맞춤형으로 지배구조를 혁신하고 조직 내 자정 능력을 함양하며.

넷째, 상시적 위기대응 조직을 운영한다.

다섯째, 지속가능발전의 비전, 목표, 전략 및 실행 계획을 수립하고 실행한다.

여섯째, 기업은 생명과 인간존중의 가치중심 경영으로 지속가능발전을 도모하며, 청빈과 청부의 경영철학을 구현한다.

일곱째, 유연성을 높이는 학습조직 문화를 구축하며. 총체적 변화Systemic change를 추구한다.

여덟째, 지배구조를 혁신하여 조직 내 자정 능력을 제고한다.

이 같은 각각의 구체적인 실천 방안에 관심이 생기면 그때가서 구체적인 방안들을 열어보면서 회사 특성에 맞는 실행 방안을 만들어 활용하면 될 것이다.

본서에서 제시한 방안들이 기업은 물론 모든 조직의 지속가능발전 전략 수립과 실천 방안을 마련하는 데 다소나마 도움이 되길 기대한다.

하지만 기업의 지속가능발전을 위해서는 기업인과 임직원만의 노력으로는 안 된다. 정치권과 정부 그리고 국민의 역할도 중요하다.

기업을 정쟁의 도구로 삼아서는 안 된다. 특히 정치나 정책의 실패 책임을 기업의 탓으로 돌리는 과거의 행태는 사라져야 한다. 기업이 국제경쟁력을 확보하고 유지할 수 있도록 기업의 원천기술 확보를 뒷받침하고 출산율 제고 정책과 함께 우수 인재가 양성될 수 있는 환경을 만들어 주어야 한다. 기업은 사회 공헌 노력과 함께 기업의 경영권 승계 등을 통한 장기 지속가능 발전하는 것을 국민이 지지해 줄 수 있는 환경 조성에 힘써야 한다. 이러한 각계의 유기적인 노력을 통해 기업의 지속가능발전이 국가의 지속가능발전으로 연결될 것이다.

편집후기

　기업은 물론 국가나 개인 그리고 단체 등에서도 지속가능성 문제는 매우 중요한 관심사이고 의사결정에 있어 핵심적인 고려 사항이 되어야 한다.

　본서를 집필하면서 처음에는 모든 부문, 모든 주체의 지속가능성을 주제로 삼아 원고를 정리하기 시작하였다. 이렇게 접근하는 것은 전체적인 맥락을 잡아 일관된 논리를 찾아가는 데는 큰 장점이 있다. 하지만 여러 분야를 대상으로 삼아 글을 정리하다 보니 내용이 산만하고 너무 원론적인 수준의 메시지 전달밖에 할 수 없는 한계가 있었다. 그래서 다시 처음부터 되돌아보면서 지속가능성 문제가 가장 민감하고 중요하며 해결이 어려운 영역인 기업 부문의 지속가능발전에 초점을 맞추어 재정리하게 되었다.

　그리고 나머지 영역은 후속 저작으로 넘기기로 하였다. 특히 다음번 집필은 개인의 지속가능성과 어려운 이웃을 위해 봉사하는 단체의 한국이사회의 회장으로 일하면서 고민하고 있는 지속가능성 문제들을 중심으로 다루면서 비영리 단체들의 지속가능성에 대한 문제를 다루어 보고자 한다.

　특히 사회복지 분야의 단체를 조직하여 400년 이상을 지속적으로 발전시켜 온 빈첸시오 성인이 만든 조직들의 지속가능성을 중심으로 생각해 보고자 한다.

기업의 지속가능발전의 문제에 대해서도 이번 정리 결과를 토대로 세계적으로 우수한 기업의 사례를 심층 분석하여 기업들이 실무적으로 벤치마킹할 수 있는 정보 제공과 기업의 지속가능발전을 뒷받침하는 저작을 계속 이어 가고 싶다.

 아무쪼록 본서가 기업은 물론 모든 경제주체와 공적 조직들의 지속가능한 발전을 실현하는 데도 도움이 되기를 기대해 본다.

▣ 참고문헌

- 권태성, 『가훈이 명문가를 만든다』(제1장 발렌베리), 다연출판사, 2018.
- 김태원, 「4차 산업혁명과 비즈니스」(덕수포럼 133차), 2018년 1월.
- 김형석, 『백년을 살아보니』, 덴스토리, 2016.
- [네이버 지식백과] 도덕적 해이 [道德的 解弛, moral hazard] (『경제학 사전』, 경연사, 2011)
- 박상수·박원규, 『핵심 재무관리』, 경문사, 2004.
- 박영숙·제롬 글렌 외, 『유엔미래보고서 2025』, 교보문고, 2011.
- 삼성신경영실천위원회, 『삼성 신경영』, 1993년 9월(개정판 1997년 6월).
- 스티븐 슈트라우스, 『스몰 비즈니스 바이블』, 전경련 중소기업경영자문봉사단 옮김, 전경련중소기업협력센터, 2005.
- 손지우 외, 『오일의 공포』, 프리이코노미, 2015.
- 신태균, 『인재의 반석』, 샘 앤 파커스, 2020.
- 신상철, 『한국장수기업의 현황과 정책적 시사점』, 중소기업연구원, 2018.
- 윤오섭 외, 『기후변화와 녹색 환경』, 동화기술, 2014.
- 윤정구, 『진정성이란 무엇인가』, 한언, 2012.
- 이마무라 히데아키, 『보스턴컨설팅그룹의 B2B마케팅』, 정진우 옮김, 비즈니스맵, 2007.
- 이병구, 『경영은 관계다』(그레티튜드경영), 세종서적 2015.
- 이병욱 외, 『우리의 미래—환경이 답이다』, 프리이코노믹스, 2017.
- 이병욱, 『사업의 길』, 프리이코노믹스, 2016.
- 이병욱, 『아사히야마 동물원에서 배우는 창조적 디자인 경영』, 2008.
- 이병욱 외, 『동아시아의 에너지환경정책; 원자력발전/기후변화/대기수질보전』, 쇼와당, 2014.
- 이병욱, 『창업비밀과외』, FKI미디어, 2012.

- 이병욱, 『한류 포에버』, 한국문화산업교류재단, 2012.
- 이병욱, 『창조적 혁신 및 디자인경영 사례분석과 시사점』, 한국산업기술진흥원, 2012.
- 이수동 외, 『전사적 관점의 마케팅』, 학현사, 2009.
- 이스라엘 커즈너, 『경쟁과 기업가 정신』, 이성순 옮김, 자유기업원, 2007.
- 이재규 편, 『피터 드러커 경영 키워드 365』, 사과나무, 2005.
- 전진문, 『경주 최 부잣집 300년 부의 비밀』, 황금가지, 2004.
- 정순태, 『신격호의 비밀』, 지구촌, 1998.
- 정형지·홍대순 외, 『제3세대 R&D 그 이후』, 경덕출판사, 2007.
- 덴 세노르·사울 싱어, 『창업국가』, 윤종록 옮김, 다할미디어, 2010.
- 주형환, 『4차산업혁명 코리아루트를 찾아라』, 2017.
- 카야노 카츠미, 『약자의 전략』, 오대영 옮김, FKI미디어, 2009.
- KBS, 『명견만리』(전 4권), 2018.
- 클라우스 슈밥, 『제4차 산업혁명 더 넥스트』, 김민주·이엽 옮김, 메가스터디북스, 2018.
- 프란치스코 알베로니, 『남을 칭찬하는 사람, 헐뜯는 사람』, 황금가지, 1998.
- 한국경제연구원 편, 『시장이 붐벼야 사람이 산다』, 21세기북스, 2010.
- 한국은행 조사국, 『일본기업의 장수요인 및 시사점』, 2008.
- 황농문, 『몰입』, 랜덤하우스, 2007.
- 현명관, 『아직 끝나지 않은 도전』, 매일경제신문사, 2006.
- 중소기업청·소상공인진흥공단, 『소상공인창업 이런 아이템에 주목하라』, 2016.
- Henri J.M Nouwen, 『In the name of Jesus: Reflections on Christian Leadership』, The Crossroad Publishing Company, 1989.
- KOTRA, 『문화한류를 통한 전략적 국가브랜드 맵 작성연구』, 2011.
- 미래창조과학부, 『ICT R&D 중장기 전략』, 2013.
- Dale Carnegie, 『데일카네기 인간관계론』, 강성복 옮김, 리베르, 2010.

- N.Gregory Mankiw, 『맨큐의 경제학』, 김경환·김종석 옮김, 교보문고, 2005.
- Paul Heyne, 『경제학적 사고방식』, 주만수·한홍렬 옮김, 자유기업원, 1998.
- Stephen R. Covey, 『성공하는 사람들의 7가지 습관』, 김경섭 옮김, 김영사, 1994.
- Simon Dresner, 『지속가능성의 원리』, 유영성·강만옥 옮김, 경기개발연구원, 2002.
- Thomas Soweell, 『시티즌 경제학』, 서나연 옮김, 물푸레, 2002.
- Carmine Gallo, 『The Innovation Secrets of STEVE JOBS』, McGraw-Hill, 2010.
- George Labovitz·Victor Rosansky, 『The Power of Alignment』, John Wiley & Sons, 1997.
- Jeffrey J. Fox, 『How to become a great boss』, Hyperion, 2005.
- Mark Ingebretsen, 『Why companies fail』 Crown business, 2003.
- OECD, 『Sustainable Development』, OECD publishing, 2007.
- Peter Navarro, 『The Well-Timed STRATEGY』, Wharton School Publishing, 2006.
- Philippe Van Parlis, Yanlick Vanderborght, 『기본소득』, 홍기빈 옮김, 흐름출판, 2018,
- Stephen M. Shapiro, 『Best Practices are stupid(40 Ways to Out-innovate the competition)』, Portfolio, 2011.
- Terry Wireman, 『MRO Inventory and Purchasing』, Industrial Press, 2008.
- Toffel, Michael W., Kira Fabrizio, and Stephanie van Sice. 『EnerNOC:
- DemandSMART』, Harvard Business School Case 613-036, August 2012.

- Likpe, D., 『Uniqlo Taps Diverse Celebs for Fall Campaign』, WWD, September 2011.

- The Nielsen Company. 「Smartphone Milestone: Half of Mobile Subscribers Ages 55+ Own Smartphones」, The Nielsen Company, April 2014.

- Cass R. Sunstein, Reid Hastie, 『와이저』, 이시은 옮김, 위즈덤하우스, 2015.